なぜ、日本の職場は世界一ギスギスしているのか

沢渡あまね

SB新書
564

はじめに

日本の職場は世界一ギスギスしている

日本の職場のモヤモヤが止まらない。

- テレワーク併用の働き方で、コミュニケーションがうまくいかなくなった
- 高齢化が進み職場の空気がどんより。若手とベテランの間に溝ができている
- 過度な成果主義や残業削減圧力により、助け合わない組織風土になった
- トップは「イノベーション」や「チャレンジ」を掲げる一方、現場の社員が新しいことをやろうとすると抵抗勢力が足をひっぱる
- 二言目には「コスト削減」。職場の空気がどんどん暗くなる

このようなお悩みやご相談を、私は毎日のように企業の経営者や管理職から受けています。

私は『組織変革Ｌａｂ』（組織開発や変革を担う人たちのための、オンラインの越境学習プ

自分の職場では、職場の同僚の間の関係は良いという人の割合

1	ジョージア	93.7%
2	ドイツ	93.4%
3	スイス	93.0%
4	ノルウェー	92.5%
5	オーストリア	91.9%
6	アイスランド	91.7%
7	イギリス	91.4%
8	スペイン 南アフリカ	90.4%
10	台湾	90.1%
11	ベネズエラ	89.9%
12	スウェーデン	89.7%
13	ラトビア	89.6%
14	ニュージーランド	89.0%
15	イスラエル	87.8%
16	デンマーク	87.5%
17	フィンランド	87.3%
18	ベルギー	85.8%
19	メキシコ	85.4%
20	オーストラリア	85.3%
21	スリナム	84.8%
22	エストニア	84.7%
23	スロバキア	83.5%
24	クロアチア チリ	82.6%
26	スロベニア	82.0%
27	ハンガリー	81.0%
28	アメリカ合衆国	80.0%
29	リトアニア	79.2%
30	チェコ	79.1%
31	インド	79.0%
32	フィリピン	78.6%
33	中国	78.5%
34	フランス	78.2%
35	ポーランド	78.0%
36	ロシア	75.1%
37	日本	69.9%

ログラム）の主宰と講師をしていますが、コミュニケーションや組織風土の課題を挙げる参加者（主に企業の部課長）がとにかく多い。コミュニケーションや組織風土は、組織課題であり経営課題と言っても過言ではないでしょう。

そもそも日本の職場の空気は、世界レベルではどのように評価されているのでしょうか？上の表をご覧ください。ISSP（国際比較調査プログラム）が2015年に調査した結果をまとめたものです。[*1]

日本は調査対象37カ国中、ダントツの最下位。残念ながら、日本の職場は世界一ギスギスしていると認めざるを得ないようです。

日本の職場がギスギスする3つの主な要因

なぜ、日本の職場はこんなにもギスギスしてしまったのか？　私はこれまで350以上の企業・自治体・官公庁で職場コミュニケーションと組織風土の問題に向き合ってきました。そこから、大きく3つの要因を見出しました。

1. 旧態依然のマネジメントや働き方

日本は過去50〜60年もの間、ものづくり産業を中心とする、大量生産型のマネジメントと組織風土を是としてきました。それが長らく「勝ちパターン」だったからです。トップの号令の下、皆が同じ時間に、同じ場所で顔を合わせ、決められた業務プロセスや作業手順に従い、決められたことを真面目にこなす。それで成果が出せたのです。その組織構造は同質性が高く、社歴が長い生え抜きの男性正社員が出世し権限を持つスタイル。なおかつ、「24時間戦えますか」のキャッチフレーズに象徴される、気合と根性で組織のために自己犠牲を厭わない人が高く評価されてきました。

組織カルチャーも労働制度も終身雇用が前提。私たち労働者は、会社や上司から理不尽な思いをさせられたとしても、新卒で入社した会社を我慢して定年まで勤め上げれば幸せな未来が約束されていました。

「あなたは60歳になりました。お疲れさまでした。定年です。これからは、潤沢な退職金と年金でご家族ともども幸せな老後をお過ごしください。ごきげんよう」

しかし、今の時代はどうでしょう？　ＶＵＣＡと呼ばれる、環境の変化が激しい時代です。先行きが不透明で、将来の予測が困難な時代です。今までの勝ちパターンが通用しなくなってきました。組織の中や過去に答えを見出しにくい。人材の流動性も高まり、多様化も高年齢化も進んでいます。「男性正社員オンリー」「24時間戦える人オンリー」では新規事業の創出やイノベーション、それどころか既存の事業を継続的に運営することさえも困難になるでしょう。実際、本書執筆時点の２０２１年9月時点においても、新型コロナウイルスの蔓延がなかなか収束しない状況下において、テレワークやデジタルマーケティングのような新しいやり方を取り入れ目まぐるしく成長する企業と、旧態依然のやり方を手放せずに業績を悪化させる企業の格差が広がっています。

「変われない組織」「成長しない組織」「今までの勝ちパターンから脱却できない組織」

そのような組織に対し、未来志向の人、健全に成長したい人ほど危機感を高め、ストレスを抱えるようになります。それが職場のギスギスにつながります。私たちは、旧態依然のマネジメントや働き方、いや組織カルチャーまでをもそろそろ見直す必要があるのです。

2. 旧態依然の職場環境

職場環境も職場の空気に少なからず影響を与えます。

世界最大のオフィス家具メーカー、スチールケース社（本社：米国ミシガン州）は、世界20カ国1万4903人を対象に、従業員のエンゲージメント（その組織や仕事に対する帰属意識や愛着や誇り）と職場環境の関係を明らかにするための調査を実施しました。[*2]

その調査結果によると、日本の従業員エンゲージメントと職場環境満足度は最低。執務環境に対して、ネガティブに捉えている傾向も明らかになりました。

エンゲージメントと職場環境満足度の対象国比較分布図

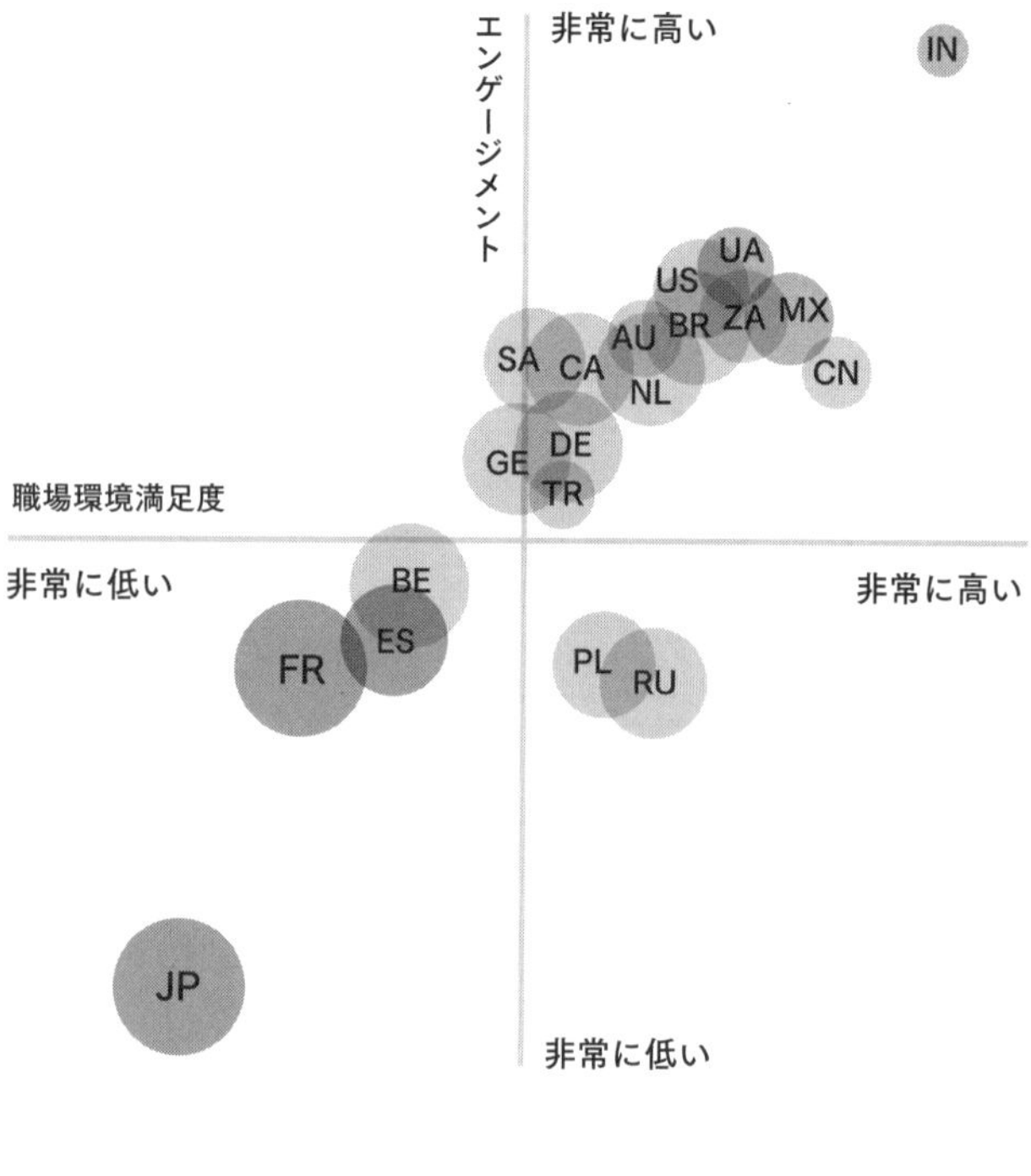

どうも日本の旧来の組織はコスト削減の名の下、あるいは「仕事は辛くて当然」「皆で歯をくいしばって当然」のような気合・根性ベースの「べき論」の下、狭い職場環境、暗い職場環境、熱い／寒い職場環境、電話する大声や怒号が飛び交う騒々しい職場環境を放置してきたきらいがあるように感じてなりません。そのような殺伐とした職場環境で、働く人たちのモチベーションが高まるでしょうか？　生産性が高まるでしょうか？　このような職場では、人は自分がプロとしてリスペクトされていない気持ちにさえなります。

「この組織は自分をプロとして見てくれない」

こうして、そこで働く人たちはその組織や仕事に対するエンゲージメントも下げていきます。贅沢せよとは言いませんが、すべての人がプロの仕事に集中できる、それでいてコミュニケーションしやすい執務環境を提供するのは組織の責任と言えるでしょう。

3. ジェネレーションギャップ

「職場で起こっている最も深刻な問題の一つは、ジェネレーションギャップやジェンダーギャップに対する鈍感さである」

日本マイクロソフトの元業務執行役員で、現在は人材開発・組織開発の専門家として活躍する澤円《さわまどか》氏は、日本の職場がギスギスする要因の一つをこう説明しています。

世代間の価値観のズレ、いわゆるジェネレーションギャップは年々大きくなっていると言えるでしょう。学校を卒業したばかりの20歳前後の若手と、再雇用の60歳を超えた高齢の社員が同じチームで一緒に仕事をするのが当たり前の景色になりました。40代の部課長が、20代と50代、60代の部下をマネジメントするチームも珍しくなくなりつつあります。上司と部下、あるいはメンバー同士、物事の判断基準も、考え方も、心地の良い働き方やコミュニケーションスタイルも違って当然。それらのズレが職場の空気をぎこちなくする場合があります。

正しく対話し、正しく議論し、あるいは譲り合い和解ができるならギクシャクはしません。しかし、現実にはなかなかそうはいかないでしょう。

にもかかわらず、ジェネレーションギャップに真摯に向き合おうとしない。あるいは、ともすれば今までのやり方や年長者の論理、あるいは同調圧力でもって押し切ろうとする。それでは、職場がさらにギスギスして当然です。

とりわけ年功序列のカルチャーが色濃い組織においては、組織内の見えない引力や同調圧力により年長者の声が悪気なく大きくなりがちです。

大手製造業のある部署のお話をしましょう。今までの仕事のやり方を変えようと若手がITシステムの導入を提案したところ、多数派を占める50代の社員の猛反発を受けて頓挫したそうです。

彼ら曰く「定年まで安泰に過ごしたい。頼むから余計なことはしないでくれ」とのこと。気持ちは分からなくもないですが、組織の未来の発展を考えるとその発言はいかがなものでしょう。こうして、「自分たちが逃げ切ることしか考えていない、昭和のおじさんたちだけにとって幸せなパラダイス」がぬくぬくと育ってゆくのです。

そのような組織に良い人材が集まるわけがありません。成長を諦めたベテラン社員、危機感のない（それでいて自分の倍近い年収をもらっている）年長者に囲まれて、未来ある若手は無力感とイライラを募らせるのです。しかし、年長者が主流の組織はジェネレーションギャップにすら気づかない。年長者が自分たちにとって居心地が良い会社に対して愛社精神を高める一方、若手は静かに退社精神を育んでいるのです。

では、ギスギスを解消するには基準をどこに合わせたらよいでしょう？

私はより若い世代に合わせるべきであると考えます。なぜなら、これからの組織やマーケットをつくっていくのは間違いなく若い世代だからです。X世代、Y世代、Z世代という言葉があります。

X世代：1960年代初頭または半ばから1970年代に生まれた世代
Y世代：1980年代から1990年代前半に生まれた世代
Z世代：1990年代後半から2000年代に生まれた世代

仕事のやり方やコミュニケーションの仕方をどの世代に合わせるべきか？　未来の組織と

そこで働く個人の成長を考えるのであれば、Z世代に寄せていくのが健全でしょう。なぜなら、Z世代の価値観や行動特性は、VUCAの時代を生き抜くうえでも合理的であると考えられるからです。また、Z世代は、デジタルネイティブ世代。デジタルツールを使いこなして情報の受発信を行い、素早く必要な情報を探し、素早くコラボレーションするスキルやマインドに長《た》けています。また、「上がこう言ったから」「今までのやり方がそうだったから」ではなく、世の中の動向やその仕事の目的を考え、「なぜそうなのか?」を疑うマインドを持っているのです。自分が所属する組織や仕事が社会にどう貢献しているのかを考える傾向もあります。

そのようなオープンなマインドとスキルを兼ね備えた世代に、ものの見方、考え方、働き方を合わせていったほうが間違いなく組織は前向きに発展するでしょう。職場のギスギスを未来志向で解消していくためには、若い世代に照準を合わせて組織をアップデートしていく。それしか方法はないと考えます。

職場のギスギスを解消させる「３つのシフト」

職場のギスギスに処方箋はあるのか

私は組織をアップデートするためには、３つのシフトが必要だと主張しています。マインドシフト、マネジメントシフト、スキルシフトです。

ただ単にＩＴツールのような新しい仕組みを導入しただけでは、組織はなかなか変わりません。旧態依然の組織であればあるほど、職場のカルチャーも変わりにくいでしょう。そもそも新しいやり方に拒否反応を示して元のやり方に戻ってしまう可能性も高いです。マインドを変える、マネジメントの考え方やあり方を変える、そして新しい仕事のやり方やコミュニケーション手段を使いこなすスキルを身につける。この

3つが合わさって、組織と個人は健全に成長することができます。

しかしながら、職場のギスギスにはさまざまなケースが考えられ、それをもたらす要因は一つではありません。さまざまな要因が複雑に絡み合って、今のどんよりした曇り空が生まれてしまっています。

そこで本書では、ケースごとに職場のギスギスを生む要因を、実例やデータを踏まえて紐解きます。そして、ギスギスした状況に対してどのように向き合えばいいのかを考えていきます。気合・根性論ではない行動と仕組みで、どのように解決していくか？　マインドシフト、マネジメントシフト、スキルシフトをどう仕掛けていくか？　できるだけ具体的にまとめました。

本書が、一人でも多くの人が「職場のギスギス」から解放される助けになれば、これに勝る喜びはありません。

参考文献（はじめに）

＊1　ISSP 2015
＊2　STEELCASE グローバルレポート　世界の従業員エンゲージメントと職場環境実態
https://prtimes.jp/main/html/rd/p/000000002.000017778.html

目次

第2章　スキル・メンタリティによるギスギス

第3章 制度によるギスギス

第1章
環境によるギスギス

第1節

職場環境によるギスギス①
人が辞めていく

職場のギスギスを構成する要因の一つに、「人が辞めていく」があります。

日本経済新聞によると、2021年に日本の上場企業が募った希望退職者数は6月上旬で1万人を超えています。新型コロナウイルスの感染拡大によって退職の募集が急増した2020年の同時期と比べても1・7倍に増えています。

調査は東京商工リサーチが行ったものですが、この間に希望退職を募集した上場企業は50社、退職者数は1万225人となっています。前年同日の33社、6104人に比べれば急増ぶりがよく分かります。

募集企業の大半が新型コロナウイルスの感染拡大による事業環境の変化を人員整理の理由として挙げていますが、実際には日本たばこ産業やLIXIL、オリンパスなどが1000人、2000人単位で募集しているのを見ると、これまで抜本的な解決を先送りしてきたつけが新型コロナウイルスの感染拡大で浮き彫りになり、人事に手を付けざるを得なくなったと見ることもできます。

理由はどうあれ、自分の働いている職場から人が辞めていくというのは誰しも不安になるものです。しかも、こうした希望退職の場合、本来なら会社に残ってほしいはずの優秀な人から辞めてしまう傾向もあり、残された人の不安や負担はとても大きなものがあります。

こうした人員削減によって生じる職場のギスギスには3つあります。

いずれも人が足りなくなって業務が増えることには変わりはないのですが、「誰が辞めるか」によってギスギスの中身は変わってきます。

今の時代、よほど余裕のある企業でもない限り、職場に人が余っていることはほとんどありません。多くの職場は少ない人数で仕事を回しており、「今でさえギリギリ」のところに人が辞めるわけですから残った人は大変です。

1. 能力の高い人が辞めた場合

これは純粋に戦力がダウンします。抜けた穴の大きさへのショックで、たとえ代わりの誰かが来たとしても、その人の能力が劣る場合、職場はどうしてもギスギスします。

さらに頼りにしていた人がいなくなるのですから、残された人のショックによるモチベーションの低下は避けられません。

2. 能力の低い「昭和のおじさん」が辞めた場合

普通は仕事のできない人が辞めるわけですから、職場の雰囲気も良くなると考えがちです。しかし、実際にはその人がやっていた仕事がなくなるわけではありません。古いやり方の業務を残ったメンバーの誰かが引き継ぐわけですから、これはこれで厄介です。

本来ならその人が辞めたのを機に仕事を整理整頓し仕事のやり方を見直せばいいのですが、それをしないまま古い仕事が古いやり方のままに引き継がれます。結果的に任された人は「なんで自分がこのような仕事をやらなければならないのか」となり、職場はギスギスするのです。

3. 職場にとって欠くことのできない人が、正当な評価が得られないままに辞めさせられた場合

職場の同僚による評価と、上司の評価、人事の評価がいつも一致するとは限りません。そのため職場の同僚たちにとってはなくてはならない人、とても人望がある人であるにもかかわらず、他の評価が低くて辞めさせられる場合もあります。

この場合、仕事が増えることとは別に、「なぜあんないい人が評価されず辞めさせられてしまうんですか」のような不信感を会社に対して抱きます。会社に対するエンゲージメントの低下につながり、チームが成果を上げるうえで最も大切とされる「心理的安全性」にも影響します。このような思いが職場のギスギスにつながっていくのです。

社員のエンゲージメントが低いほど離職率が高まる。このような調査結果もあります[*3]。人が辞め、社員のエンゲージメントが下がり、そしてさらに人が辞めていく負の連鎖が起こりかねないのです。

今の時代、「人が足りない」と感じている職場は少なくありません。実際、一人がたくさんの仕事を抱え、長時間残業や休日出勤を余儀なくされているわけですが、そのような中で

人が辞めたうえに補充がされないとなれば、職場がギスギスするのも無理はありません。こうしたケースで大切なのは、単に人手を増やすことではありません。今やっている仕事は本当に必要なのか、ムダな仕事はないのかをきちんと整理整頓したうえで、必要な仕事に関してもより良いやり方への改善を図っていく必要があります。

ムダな仕事をいくら上手にやったところで何の意味もありません。職場のギスギスを解消するためにも「昭和の仕事のやり方」を見直さなければならないのです。

第1節　まとめ

■能力が高い人が離職する場合に限らず、離職は現場へのダメージが大きい場合がある
■人手不足を単に「人手を増やす」ことで解決しようとしてはいけない
■現状の仕事は本当に必要なのか、ムダな仕事はないのかをきちんと整理整頓したうえで、より良いやり方へ改善を図っていこう

第2節

職場環境によるギスギス②
情報が共有できない

職場がギスギスする理由の2つ目は「情報の共有ができていない」。

企業における情報は役員から管理職、上司から部下へと流れることもあれば、下から上に上がっていくケースもあります。その場合、情報がきちんと共有できていない、あるいは情報の伝わり方にタイムラグが発生すると、それらが職場の雰囲気や人間関係をギスギスさせます。

このようなケースで何が起きるのかを考えてみましょう。

1つ目は、不公平感によるメンバーの組織に対するエンゲージメント、帰属意識や主体性の低下です。

テレワークが実施されるようになり、オフィスに出社している人には情報が共有されるけれども、テレワークでオフィスにいない人には共有されず、重要な意思決定に関わることができないと指摘されています。

オフィスにいる人たちにしてみれば、「あの人はここにいないから後で伝えればいいか」程度の悪意のない行為なのかもしれませんが、情報が共有されない状況は相手の主体性やエンゲージメントを奪います。たとえば、ＩＴのプロジェクトやゼネコンの場合、複数の部署の人だけでなく、さまざまな会社の人たちが集まって同じゴールを目指して仕事をしています。

にもかかわらず、「その場にいない人には情報を共有しません」「正社員以外には情報を伝えません」「会社が違うから情報は共有できません」となった場合、同じゴールを目指しているのに与えられる情報に差異が生じます。これではメンバーの仕事に対する主体性を下げ、パフォーマンスにも悪影響を与えます。

一方、会社も立場も違うけれど、同じゴールを目指す仲間として、重要な情報がみんなに共有されていれば、メンバーは「私はチームの一員として認められている。私は期待されている」と感じ、主体性をもって行動するようになります（もちろん、全員が全員、それで主体性を持ち得るとは限りませんが）。

ましてや同じ職場にいながら、オフィスにいる人といない人によって情報の伝わり方に違いがあるとしたら、その不公平感によるエンゲージメントの低下は誰でも想像できます。今の時代、その場所にいるかいないかによって共有される情報に格差があるなどあってはならないのです。

情報共有の仕方や度合いは、社員や関係者のやる気や主体性に大きな影響を及ぼすのです。ビジネスチャットなど手段はいくらでもあるだけに、ギスギスした職場から脱したいのなら、情報で格差をつけるのはすぐにやめたほうがいいでしょう。

2つ目は、伝言ゲームによる弊害が挙げられます。

遊びとしての伝言ゲームは、伝達する人の数が増えるにつれて、情報の中身が変わって、最後には「えっ、どうしてそうなるの」といったほどに変わってしまうのを楽しむものですが、ビジネスにおいて情報が変わってしまうのは問題です。

ビジネスにおける伝言ゲーム化のリスクは、大きく分けて4つあります。

1．業務スピードの低下

階層組織における情報の伝言ゲームは、本部長は自分が決めたことを部長に、部長は課長に、課長は必要と思われるメンバーだけに伝言して、さらにそのメンバーが協力会社の人に伝言する形を取りますが、こうやって上から下へと情報を伝えていくだけでも手間も時間もかかります。

結果、業務のスピードはどんどん遅くなっていきます。

2. 情報の鮮度と正確性の低下

これこそまさに伝言ゲームが持つ本当の危うさであり、業務品質の低下をも招きます。間に第三者が挟まれば挟まるほど、伝言ゲームの過程で情報の内容は悪気なく変わってしまいます。このような経験がメンバーのやる気を下げ、上に対する不信感も生じさせます。

私自身、NTTデータ勤務時代に伝言ゲームの危うさを痛感した出来事があります。

当時、私は課長代理としてチームを率いていました。ある時、「時間があったらでいいので、こういう案が実現可能か検討したいな」とメンバーに話したところ、それが協力会社の人に伝わって、協力会社の人が「沢渡さんに指示された件で報告に参りました」と来られたのです。

私自身はあくまで「時間があったら」考えてほしいと伝えたつもりでしたが、伝言ゲームの過程および階層構造により「指示」に変わってしまっていたのです。以来、伝え方や伝達事項の管理の仕方に細心の注意を払うようになりました。

ビジネスにおける伝言ゲームは、いつでもこうした危うさをはらんでいます。直接伝えるのと違って人を介する以上、内容やその緊急性、重要度が正確に伝わりにくいのです。

ある企業の経営者が部下にいつも言っていたのは「玉ねぎは泥付きのまま持ってこい」でした。玉ねぎは畑から収穫した時は泥もついていますし、皮もついています。しかし、出荷する時は泥をきれいに落としますし、料理をする時には皮もきれいに剝きます。

情報にも似たことが起こります。伝えたい情報を泥付きの玉ねぎとすると、末端の人間から管理職、役員へと上がっていくうちに泥は落とされ、皮はきれいに剝かれ、社長に伝わる時には料理に加工されていて本来の姿はどこにもありません。

ここまで加工されてしまっては何が正しい情報かは分かりませんし、正しい判断などできるはずもありません。だからこそ、情報は途中で泥を落としたり、皮を剝いたりせず、そのままをすぐに持ってこい、なのです。

3．階層ごとのコミュニケーションコストがかかる

部長から課長へ、課長からメンバーへ階層を通して何かを伝えるとなると、部長は課長に伝えるために作文をしなければなりませんし、そのための時間もとらなければなりません。それを課長は同じように時間と手間をかけてメンバーに伝えます。

そして指示を受けたメンバーが直接、部長に報告すればいいのに、報告書をつくって課長に報告をします。その際、問題があれば報告書の手直しなども行わなくてはなりません。そして、「これでよし」となったら、課長が部長に報告書を作成して報告をしますが、部長から「ここが違う」と言われれば、再び課長からメンバーに戻り、メンバーが修正をして課長から部長へと報告書が提出されて、そこでようやく仕事が完結します。

こうした手間や時間をかけていれば、何度も報告書のつくり直しをさせられる人たちは「部長が直接言ってくれればいいのに」「課長が間に入るから面倒なことになるんだ」と思うようになります。「手直しやり直しのムダ」はメンバーのやる気を著しく削《そ》ぎます。このような非生産的なやり方を繰り返していては当然、職場はギスギスするでしょう。

4．ヒヤリハットが共有されにくい

労働災害の分野でよく知られる「ハインリッヒの法則」があります。事故の発生についての経験則から生まれたものですが、1件の重大事故の背後には、重大事故には至らなかった比較的軽微な事故が29件隠れており、さらにその背後には事故につながりかねないヒヤリハット（ヒヤリとしたり、ハッとしたりする危険な状態）が300件隠れているというものです。

「小事は大事」ではありませんが、大きな事故を防ぐためには小さな事故やヒヤリハットに注意を払い、どんな小さな危険であっても早めに改善を行って危険の芽を摘むことが大切です。

このような考え方は生産現場などでは比較的よく知られていますが、それ以外のビジネスの分野にも通じるものです。顧客からのクレームの背後には、同様の不満を持ちながらも物言わぬ多数の顧客が存在していますし、重大なコンプライアンス違反の背後には、不祥事の芽となるたくさんの小さな違反があると考えられます。

ヒヤリハットも伝言ゲームでは伝わりにくいものの一つです。生産現場において「この部品の手触りがいつもと違うなあ、違和感があるなあ」と思って、それを上司に報告したとしても、上司が「気のせいだろう」「そのくらいどうってことないよ」と取り合わなかったり、上司が課長や部長に報告する際に正しく伝わらなかったり、時間がかかったりするのはよくあることです。そもそも上司が忙しすぎて、「こんなくだらない報告をするのは申し訳ない」と部下が気を遣って報告しない場合もあります。

また、制度として「ヒヤリハットを報告する」仕組みをあるものの、それに対するフィードバックがない場合もあります。最初のうちはみんなが気づきを上に報告するものの、何日たっても改善もされず、いつまでに改善するのか返事や約束がない場合、やがて社員は無力感や不信感を持つようになります。

「せっかくヒヤリハットの報告をしても何もしないいんじゃあ言うだけムダだ。これからは報告はやめよう」

「『ここが危ないですよ』と言っているのに上は何もしない。会社にとって大事なのは安全じゃないいんだな」

結果、ヒヤリハットは報告されなくなり、社員のモチベーションも下がります。職場はギスギスし、やがて事故などが起こって会社として大きな損失を生むのです。

パナソニックの創業者の松下幸之助さんが「上からの情報が下に伝わらないのも問題だが、下からの情報が上に伝わらないのはもっと問題だ」と話されていました。情報が伝言ゲーム化して多くの弊害が出るのは企業にとって大きな損失になるだけでなく、職場がギスギスする大きな原因ともなります。

ではは伝言ゲームをなくすためには、どうしたらよいでしょうか？　基本は、一斉共有かつ一元管理することです。特に、重要な情報や変更情報などは必ず全員に同じ鮮度で情報が伝わるようにしましょう。情報の共有化や手続きの透明性を図るなど、組織の仕組みづくりや制度の運用は、ストレス緩和の効果が期待できます。これはデータも証明しています。[*4]

今の時代、わざわざ報告書を作成したり、人を介して情報を伝えたりしなくとも、ビジネスチャットなどを使えば、関係するメンバー全員が情報を共有できます。オープンなやり取りをすれば伝言ゲーム化は防げるのです。

「法律あるいは規制で禁じられているごくわずかな事例を除き、すべてを共有する」のがグーグルのデフォルトです。そこまでいかないにしても、「必要な人すべてに必要な情報を迅速・正確に」は職場のギスギスを解消するうえで最も効果的なやり方の一つと言えます。
次に具体策を3つ提案します。

1．オンラインで共有する

部門の方針、チームの新たなミッション、プロジェクトの変更情報など、その場にいる人たちだけに口頭で伝えるのではなく、また伝言ゲーム化するのではなく、オンラインで関係者を集めて一斉に共有をする。ZoomやTeamsなどのオンラインミーティングシステムを使えば、会議室の手配も不要ですし、メンバーを移動させることなく情報共有をすることができます。オンラインミーティングシステムには録画機能がありますから、欠席者には録画データを共有すればタイムラグが小さくミーティングの情報を共有することもできます。4～5名程度の小グループであれば、わざわざミーティングをしなくてもビジネスチャットのグループでのテキストのやり取りで済むかもしれません。

音声メディアを活用する組織も増えてきています。私の顧問先の株式会社NOKIOO（浜松市）は、「社長ラジオ」を展開。社長の小川健三さんがほぼ毎朝、会社の方針や気づき、学びなどを10分前後で音声収録し、YammerとTeamsを使って社内共有しています。社員は勤務形態や場所にかかわらず、自分の都合の良いタイミングで視聴することができます。

オンラインで同じ情報を関係者に一斉共有する、あるいは後から同質の情報をキャッチアップすることができる。このやり方であれば、情報伝達におけるデリバリーの手間をなくし、リーダーやサブリーダーはその分個々のメンバーの理解の度合いに応じたサポートに力を注ぐことができます。

2. オンラインに残す

とはいえ、すべてのミーティングをオンラインでやれと言うつもりはありません。全員が出社して対面で仕事をしている職場においては、わざわざオンラインミーティングをするのは手間にしかならないでしょう。その場にいる人たちへの急ぎの注意喚起など、対面のほうが効率の良いケースも多々あります。

対面のミーティングであっても、議事録を書き残す、チームのビジネスチャットで関係者全員に結論を共有するなど、必ずオンラインで情報を残すようにしてください。伝言ゲームの手間も省け、かつ鮮度の高い状態で関係者に情報を一斉共有できます。

オンラインの所定の場所に、過去話し合われたテーマや議事録が残っていれば、長期休暇や育休明けの人、あるいは中途で入社した人も、不在または入社前のチームの情報をキャッチアップすることができます。業務の引き継ぎやオンボーディング（新たな参画者の定着と戦力化を支援する取り組み）もしやすくなります。つまり、オンラインで情報を残す習慣は、育休者や転職者など多様な人材が正しく活躍できるようにする「ダイバーシティマネジメント」の取り組みであるとも言えるのです。

3．オンラインで管理する

マネージャーの指示、ミーティングで決まったことなど言いっぱなしで終わってしまう。あるいは各々のタスクの優先度が分からず、メンバーによって認識に温度差がある。テレワークなど働き方が多様化したり、異なる所属会社の人たちで構成されるプロジェクト型組織であればこそ、このようなすれ違いは起こりがちです。

指示事項、決定事項、タスクをオンラインのツールで管理し、そこを見れば優先度や進捗状況が分かるようにする。そうすれば、報告したり、優先度や進捗を問い合わせる仕事も減ります。いわゆる、プロジェクト管理ツールやタスク管理ツールを使って情報を一元管理しましょう。Trello、Tom's Planner、Backlog、ServiceNowなどのクラウドサービスも充実しています。クラウドサービスを使えば、所属会社が異なる人との情報共有もしやすくなります。

管理担当者とツールを決め、その場の言いっぱなしで終わらないよう情報やタスクをオンラインで管理し、正しく更新していきましょう。

第2節　まとめ

- 情報が共有されないと社員の組織に対するエンゲージメント、帰属意識や主体性が低下する
- 情報の伝言ゲーム化は企業にとって大きな損失になるだけでなく、職場がギスギスする原因にもなる
- 情報共有をスムーズに行うためには、一斉共有、一元管理が基本。可能な限り、クラウドサービスなどを駆使しながらオンラインで情報の共有、記録、管理を行おう

第3節

職場環境によるギスギス③
管理職、上司が現場を知らない

新型コロナの感染拡大を防ぐために政府からさまざまな対策が打ち出されたものの、時に国民から強い反発を受けました。

その際、しばしば出てくるのが「現場を知らない官僚の作文だ」「政治家は現場を知らなすぎる」といった反発です。その背景にあるのは、勉強はできるけれども世の中のことは知らないであろう官僚や、二世三世が目立つ政治家たちに対する苛立ちであり、「なぜ自分たちの気持ちを分かってくれないんだ」のような不満です。また、霞が関の旧態依然とした縦割り組織の全体像を欠いた施策に対し、近視眼的かつ個別最適なストレスを感じている人も少なくありません。

コロナ禍においても、矛盾が散見されます。

・少子高齢化対策をする一方で、飲食店には20時以降休業要請。夕飯の支度や片付けなど家

事負担が増えるばかり。共働き家庭や子育て世代は疲弊する一方
・外出自粛を要請する一方、学校の授業のオンライン受講は出席と見なさない文部科学省

マイナンバー制度も然り。現在のところ、ただ単にムダな事務手続きを増やしただけで、国民の行政手続きも生活における手続きもいっこうにラクにならない、総務省や国税庁の自己満足の域を出ない誰得な施策も目に余ります。

変革にせよ改革にせよ、それこそDXに表される「トランスフォーメーション」も、今までの枠組みや従来の組織の論理を打ち破る大胆な取り組みが求められます。それなのに、変革や改革やDXを掲げる政府が縦割り意識のまま、過去の既成事実や既得権益から抜け出せていない。まるで説得力がありません。

こうした苛立ちや不満が積み重なると、世の中の空気も自ずとギスギスしたものにならざるを得ません。

さらに大変なのは、組織の上層部や政治家がコロコロと方針を変え意思決定を行った結果、振り回される現場の人たちです。東京オリンピックの準備に携わっている職員がこのようなことを言っていました。

「上層部や政治家が右から左へと意思決定するのは簡単です。でも、その下にいる現場の私たちは振り子の球のように、右から左、左から右へと大きく振り回されるばかりだ」

現場を知らない、あるいは現場を知ろうともしない管理職や上司に振り回されるのはいつも現場です。このような非生産的なやり方を続けていては、職場がギスギスするのは当たり前です。


企業における職場のギスギスにも似たところがあります。

たとえば、生産現場に対してスタッフ部門が「こうしてほしい」「ああしたらどうだ」などの改善を指示した場合、現場の人たちからこのような反発の声が上がります。

「現場を知らない奴が頭で考えたやり方なんかできるか」

「現場の仕事をやったこともない奴にあれこれ言われたくない」

こう言われたスタッフは改善策を聞こうとしない現場にイライラし、現場は現場で余計なことばかりさせようとするスタッフにイライラします。

これはいつの時代にもよくある光景です。

かつて日本の生産現場では、品質向上のためのQC（Quality Control）活動が活発に行われていました。QC活動の主役はスタッフではなく、あくまでも現場で働く人たちです。少し古い話ですが、一流の大学を卒業したスタッフの一人が「ろくに学問もしてこなかった人間が考えたって、品質改善のためのいい知恵なんか出るはずがない」と暴言を吐いたところ、上司がスタッフにこう質問しました。

「君のほうがいいアイデアが出せるのかもしれないが、そのアイデアは現場で実行されたことはあるのか？」

スタッフはたしかにこれまでにいくつもの改善策をつくり、現場に提案してきました。しかし、たいていは現場では使えないものばかりで、実行に移され成果を上げたものは何一つありませんでした。

スタッフと現場の間には往々にして溝があり、スタッフは「現場は言うことを聞かない」と不満を口にし、現場は「現場を知らないスタッフは役に立たない」とやはり不満を口にします。こうしたお互いへの不満は職場をとげとげしくギスギスしたものにしがちです。

現場を知らない上司が的外れな指示を出して現場を混乱させる場合もよくあります。

ある企業の経営者は、営業出身だけに現場の大切さをよく理解していました。そこで、社長に就任した際に提案したのが、「組織図はピラミッド型ではなく逆ピラミッド型でなければならない」でした。企業の利益は本社で生まれるわけではなく現場から生まれます。お客さまを一番よく知り、お客さまと日ごろから接しているのは現場なのですから、組織図の一番上に来るのは現場でなければならないというのがその経営者の考え方でした。

また、別の企業の経営者は人事部出身でしたが、人事部時代にはいつもこの言葉を口にしていました。

「こちらから一方的に愛を持って現場に入っていけ」

生産部門や営業部門の人間にとって、人事部はどこか煙たい存在です。現場の声も届きにくいし、現場を無視した頭の中だけでつくった施策を押しつける傾向もあります。そのため、その人は人事部時代には自分の仕事が終わった後、私服に着替えて生産現場などを訪ね、交代の合間や休憩の時に工場の工長さんたちを相手に「今度、このようなことを考えているんだけど、どう思う?」などと話しかけては意見を聞いていました。そしてその声を活かしながら「もっとこうしたらいいのでは」とあれこれ考えるようにしていました。

現場にとってスタッフはなにかと煙たく、自分たちのことを知ろうとしない存在に思われています。だからこそ、「一方的に愛を持って現場に入っていけ」がその経営者の流儀でした。

会社にはそれぞれローテーションのやり方があります。現場を経験しないままに管理職になり、出世する人がいるのはやむを得ませんが、「現場を知らない」だけでなく、「現場を知ろうともしない」「現場への関心を持たない」のでは困ります。

私は企業の管理職やバックオフィス（管理部門）、および官公庁・行政機関（いわば国や地域のバックオフィス）の人たちは、少なくとも一度は事業の最前線の現場で自らでビジネスを創ったり稼いだりする経験をしたほうがよいと思っています。その経験がない管理畑の人たちは悪気なく間接業務を増やしたり、あるいは今までの慣習やルールだけを正当化します。その結果、事業部門や事業会社が正しく活躍するための邪魔をしてしまうのです。それでは本末転倒です。組織も国も正しく発展しません。

話を戻しましょう。

異業種から転職してある企業の営業部隊を率いていたAさんは、「リーダーの役割はガス抜きだ」と言っていました。異業種からの転職だけに、その分野に関してはプロではありませんし、現場の経験もありません。しかし、営業の経験は豊富なだけに、その経験を活かすことで部隊の成果を上げることには成功しました。厄介だったのが営業部隊を裏で支えるバックオフィスの人たちの不平不満でした。

営業担当者はサービスやモノを売るのが仕事です。売るためにはさまざまな書類の作成など事務的な作業は欠かせません。ところが、営業の人間はバックオフィスで働く人の都合など無視して、「何時までに急いで」「間に合わないから何とかして」と無理難題ばかりを押しつけてきます。

最初は本人も営業出身だけにバックオフィスのことは「仕事でしょ」と気に留めていませんでしたが、ある時、「このまま放っておいたらまずい」と気づきました。数名ずつ呼んで話を聞き、お疲れさま会などをやるようにしたところ、ギスギスした雰囲気は消え、仕事も順調に回るようになったといいます。

Aさんによると、職場の不平不満を放置したり、無理に抑え込もうとしたりすると、ガスはみるみるうちに充満していき、いつか爆発してしまいます。かといって、企業の現場で不平不満をゼロにはできません。だからこそ、ガスが充満して爆発しないようにこまめに換気したり、扇風機を回したりして、悪い空気を少しでも薄めていく工夫が、職場のギスギスの緩和につながるのです。

現場を知らないなら、少しでも現場を知ろうとする努力が必要になります。「現地現物現実」と言うように、現地に行き、現物を見て、現実を知ってこそ「何をしなければいけないのか」が見えてきます。現場からの不満を感じたら、現場に関心を持ち、現場の声に耳を傾ける努力が必要になります。待つのではなく、こちらから現場に入っていってこそ職場のギスギスを解消できるのです。

こうした個人的な努力に加え、以下を組織として取り組まなくてはいけません。

- 本社に現場の経験者を入れる
- 現場にできる限り権限を委譲する
- マネージャーやリーダー候補者は、一定期間現場を経験する

もちろん現場にすべてを合わせることが正しいとは限りません。時には現場の意思に反し

てでも変えなければいけないところは変える決断も必要になりますが、その際にも現場の声にしっかりと耳を傾けてほしいです。

現場を知らないスタッフや上司の言動はしばしば職場がギスギスする原因となります。日本の企業のようにスタッフが短い期間で異動をする場合、上司が現場を知り尽くしていることは滅多にありません。あるいは、他社や異業種から転職してきた人であれば、その企業の現場など知る由もありません。

しかし、そのような場合にも現場を知る努力や現場への強い関心、現場で働く人への敬意を欠いてはなりません。前述したいくつかの企業で部門のリーダーを経験したAさんによると、異業種のリーダーとして転職した際には、その部門の年上部下と1対1の面談を設定したうえで、こう伝えるのを常にしていました。

「今回、リーダーとして着任することになりましたが、私よりBさんのほうがずっと経験豊富ですから、『ここはこうしたほうがいいのでは』といったアドバイスやアイデアがあれば、いつでも遠慮なく私におっしゃってください。皆さんの知恵を集めて全員でより良い仕事をしていくために、アイデアやアドバイスをお願いします」

このようなちょっとした配慮と敬意でも「現場を知らないくせに」のような敵意は薄れ、

職場のギスギスは随分と和らげられるでしょう。

現場で汗をかいてみる経験も大事です。私はNTTデータ在職中、企画やマネジメントの仕事が主でしたが、転職で入社して2年近く自ら手を挙げてシステム開発の現場にどっぷり浸かりました。グループ会社やビジネスパートナーのメンバーと共に汗をかき、同じ釜の飯を食った経験は自分を成長させてくれましたし、現場に味方ができ、その後の仕事がとてもやりやすかったのを覚えています。現場に浸かったことで、それまでのプロパーの社員にはない知見も蓄積され、顧客から重宝がられることもありました。

現場を経験した人とそうでない人とでは、言葉の重みや説得力が格段に違います。

ちなみに私は今、地方都市発のワークスタイル変革や知をベースにした地域活性モデル創成を生業の一つにしていますが、東京を離れ浜松で事業展開をしています。東京でああだこうだ言っていても、地方都市のリアルは見えないですし、地方都市の現場にも響きません。自ら浜松に身をおき、地域の人たちと同じ目線でリアルな体験をしてこそ、説得力のある変革ができると信じているからです。地域のベンチャー企業、中小企業、近隣の大企業、静岡新聞・SBSなど地域メディアや浜松市などの行政ともコラボレーションし、「デジタルワークシフトコンソーシアム浜松」など新たな取り組みも生まれつつあります。

- 一定期間、現場の業務を経験する（させる）
- 事業部門や事業会社に出向する

このような「現場で共に汗をかく」経験は、管理職と現場、本社スタッフと事業部門など、立場の異なる関係者同士が信頼関係を構築するうえでもプラスになるでしょう。

第3節　まとめ

■現場を知らない管理職や上司に現場が振り回され、現場の苛立ちや不満が積み重なることはよくある

■個人は、現場を知る努力をする。現場が意見を言いやすいよう配慮をする

■組織は、「本社に現場経験者を入れる」「現場にできる限り権限を委譲する」「リーダー候補に現場を経験させる」とよい

第4節

職場環境によるギスギス④ 相談や提案がしにくい一方通行のコミュニケーション

職場のギスギスを生む4つ目の要因は、相談や提案のしにくさです。

日本のレガシーな職場は、たとえば社員と部門長、あるいは異なる部署間など階層を超えたコミュニケーションを嫌がる傾向があるようです。相談や提案をするにも「必ず直属の上司を通せ」。このようなルールを徹底している企業もあります。

なぜ階層を超えたコミュニケーションがしにくいのでしょうか。それは、統制型・ピラミッド型の組織構造や組織カルチャーに拠るところが大きいと考えます。統制型・ピラミッド型の組織では、情報は基本的に上から下へ階層を経て流れます。下からの情報も、必ず担当者から課長、課長から部長、部長から部門長や役員へと段階を踏んで上がる仕組みになりがちです。

このような組織構造においては部下の行動の責任は中間管理職が負うため、部下の問題や課題は中間管理職が必ず解決しなければならなくなります。部下が何か新しい挑戦をしたいと考えたとしても、その責任をすべて中間管理職が負う以上、そこを飛ばしていきなり部長とコミュニケーションをとるのはとても難しくなります。それこそ中間管理職を飛ばして提案でもしようものなら、中間管理職としての管理能力を疑われますし、部長からは「君の監督不行き届きだ」などと言われてしまいます。

これでは若手社員がどんなにいいアイデアを持っていたとしても、直属の上司である課長の了解なしには上に上げることはできません。さらに企業によっては一度提案して上から「ノー」と言われたら、二度と提案できない暗黙のルールがあるところもあります。反対に一度「ノー」と言われたぐらいでは簡単に引き下がらず、二度三度、それこそ手を替え品を替えて提案するうちに、「そんなに何度も言ってくるのならよほど大切なことなのだろう」と「ゴーサイン」が出る企業もあります。

アイデアは、出るか出ないかよりも、そのアイデアを活かしたり、フィードバックしたりする仕組みがあるかどうかによって生き死にが決まります。せっかくのアイデアも上に行くかどうかは上司次第、階層を超えたコミュニケーションのとりにくい組織の場合、どうしても新しいアイデアは生まれにくくなります。

「うちの課長は新しいことを嫌うからなあ」

「たとえいいアイデアを考えたとしても、うちのような頭の固い組織じゃあできっこないよ」

こうした新しいアイデアの生まれにくい停滞した職場は、ギスギスしてしまいがちです。


では、このような状況を打破するためには何が必要になるのでしょうか？

1. 企業として「ビジョンやゴール」が共有できている

東日本大震災の時、東京ディズニーランドで働くキャストたちが、家に帰れなくなった人たちのために自主的に動き支援をしたことが話題になりました。山崎製パンは大雪や豪雨の際、配送中のドライバーが高速道路のサービスエリアで立往生している人たちにパンを配ったり、避難所にパンを差し入れたりして称賛を浴びました。同社は大規模災害の発生に際して、被災地への緊急食糧の供給を行うことを食品企業としての社会的使命と考えており、その理念が現場のドライバーを含む社員に浸透しているのです。このような危機的状況で、上からの指示も届きにくい場合、どう行動すればよいのかのよりどころになるのがビジョンやゴールです。

日ごろから社員みんなが「自分たちが目指しているゴール」を理解していれば、何かをやるにあたってすべて課長を通す必要はありませんし、課長の指示がなければ何もできません、とはならないのです。

他にも、ビジョンやゴールがメンバーに浸透しているメリットはあります。たとえば、上からの指示で「こういう風にしなさい」と言われた時、それがビジョンやゴールに反するものであった場合、一般の社員であっても「これって会社のビジョンから見てちょっと違いませんか」と意見を言えます。

このようにビジョンやゴールが明確であれば、社員一人ひとりが自分の頭で考えて自分の責任で行動できるようになりますし、上に対しても自由にものが言えるようになります。

2. 日ごろからフラットなコミュニケーションをしている

たとえば、ある若手社員が自分のアイデアを口にしたところ、リーダーや先輩社員が「そんなの使えるわけがないだろう」と一蹴したり、「つべこべ余計なことを言わずにオレの言うとおりにやればいいんだよ」と一喝したりしたらどうなるでしょうか？

メンバーは萎縮してしまい、以後、新しいアイデアを口にしないだけでなく、考えることさえやめてしまうかもしれません。あるいは、年齢や肩書を武器に、「自分のほうが上なんだぞ」と常にマウントをとりながら仕事を推し進めていく人が職場にいるとすれば、やはり他の社員は何も言わなくなってしまいます。

大切なのは肩書や年齢など関係なしに、社員一人ひとりが自分の意見をしっかりと言えるかどうか、みんながその意見に耳を傾ける「対等・フラット・水平な人間関係」があるかどうかです。Ｚｏｏｍの位置を「一番上にしろ」などと言う上司がいるようではフラットなコミュニケーションなど望むべくもないのです。

3．マネージャーや管理職に統制管理を押しつけていない

最初に触れたように、部下の行動に関して、たとえば上司である課長がすべての責任を負う体制では、課長はどうしても部下の行動について細かく管理せざるを得ません。あらゆる報告や提案は「自分を通すように」と指示するようになります。

こうした組織では課長は「知りませんでした」と言うわけにはいきませんから、階層を超

えたコミュニケーションや改善提案などはできなくなってしまいます。もちろん何でも課長を無視していいわけではありませんが、すべてを課長の責任にするのではなく、もう少し緩やかであればいいアイデアを生むし、活発なコミュニケーションを可能にしてくれるのです。

本章第3節で紹介したAさんは若手時代、上司から「責任は自分がとるから、自分たちで考えて自分たちのやりたいようにやれ」と言われ、それが支えとなりました。あるプロジェクトを上に提案したところ認められて、それがきっかけとなって大きなプロジェクトを任されるようになったと話していましたが、イノベーションはそのように生まれてくるのではないでしょうか。

4. 「対等・フラット・水平なコミュニケーション」が起こりやすいように環境やツールを整備している

テレワークでも注目されたビジネスチャットを使えば、グループ内での情報共有もしやすいですし、役職関係なしに気軽に話ができるため、プロジェクトのスムーズな進捗も可能になります。

プロジェクトチームの中で若手社員が部長に何かを言ったとしても、課長もそれをいつでも見ることができます。そこでは若手社員が報告書を作成して課長に提出し、それを課長が部長向けにもう一度作文して提出するといったコミュニケーションコストもなくなりますし、伝言ゲームに陥る心配もありません。

直接の仕事とは関係ないものの、テレワークが増えつつある中で、各企業で広がっているのが、読書会や勉強会を通じての立場を超えたコミュニケーション。オンラインで実施している企業もあります。

かつての「新卒で入社した、会社一筋の男性正社員」中心の会社では、同じ部署に属する人は一緒に飲む機会が豊富にありました。そこでは部長も課長も若手社員もまさに同じ釜の飯を食う、濃密なコミュニケーションをとっていたわけですが、今の時代、いわゆる飲みニケーションには依存しにくくなりつつあります。

その代わりに関心のある本やウェブの記事などについて、お昼休みに食事をしながら話し合ったり、あるいはオンラインを通じて話し合ったりしている企業が増えています。本やウェブ記事などのテーマは階層を超えやすい特徴があり、仕事であれば気軽に話せない新入社員であっても、好きな本についてなら同じ興味を持つ部長とも話すことができます。

こうした階層を超えたコミュニケーションを経験すると、普段オフィスで顔を合わせた時にも「よー、元気？」と会話が生まれます。そこから仕事上の相談や、何かの報告をする際の心理的なハードルも下がります。

上に相談しにくいとか、上の人間が自分たちの意見に耳を傾けてくれないのはメンバーの精神的なストレスになります。そのようなギスギスから脱するためにも、フラットなコミュニケーションが可能になる仕組みや環境づくりが欠かせないのです。

第4節　まとめ

■日本の組織によくある統制型・ピラミッド型の組織構造やカルチャーでは、階層の壁を越えた相談・提案のハードルが高く、新しいアイデアが生まれにくいため停滞した職場になりがち

■企業としてビジョンやゴールを共有する、マネージャーに部下の管理を押しつけすぎないことで、社員一人ひとりが自分の頭で考えて自分の責任で行動できるようになる。上に対しても自由にものが言えるようになる

■肩書や年齢など関係なしに社員一人ひとりが自分の意見を言える、みんながその意見に耳

を傾ける「対等・フラット・水平な人間関係」が大切

■読書会や勉強会など、階層を超えたコミュニケーション機会をつくれば、仕事上での相談や提案のハードルを下げることができる

第5節

職場環境によるギスギス⑤ 誰に何を聞けばいいのかが分からない

誰に何を聞けばいいのかが分からない。その状態も、職場を十分ギスギスさせます。

なぜこうした問題が起きるのか。それは、日本の組織は同質性が高く、かつ流動性も低いからです。そのため、仕事も属人化しやすく、阿吽《あうん》の呼吸で仕事をする傾向があります。そこでは自分が任された仕事をしっかりこなすことは求められますが、自分の仕事を誰かに説明する必要がなく、言語化がされません。その結果、自分の仕事を引き継げないし、離れている人に仕事を任せることも、仕事を受けることもできなくなります。

仮にある企業の総務部が10人のメンバーで構成されているとしましょう。10人が相互補完しながらチームとして機能しているわけではなく、10人の個人商店主がいて、それぞれの人が時間一杯、やれるだけの仕事をしている。そのような組織も多いのではないでしょうか。これでは新しい人が入ってきたとしても、その人に仕事を教えるのは大変ですし、育成も属人的かつ場当たり的になります。聞く相手や教わる相手によって言うことが違って混乱したり、トラブルなど想定外の事象が発生した時、誰に相談したらいいのかが分からなくなり、新入社員は迷子に陥ります。

このような組織で起きるのが「○○はAさんに聞いて、Aさんにしか分からないから」です。本来、仕事はよほど専門性が高いものでない限り、その部署に属する誰もができなければならないし、ある程度の知識を持っていなければなりません。しかし日本の組織の場合、「○○はAさんにしか分からない」「◇◇はBさんがいないとどうにもならない」ケースが珍しくありません。

これではAさんやBさんが休んだ場合、出社するのを待つしかありません。これは異常な事態ですが、なぜか日本の組織では当たり前と捉え、AさんもBさんもそこに自分の存在価値を見出しています。

社員数が100名余りのメーカーの話をしましょう。

そのメーカーには「○○さんにしか分からない仕事」がたくさんありました。たとえば、倉庫に何が何個あり、どこにあるのかはCさんにしか分かりませんし、ある機械の調整はDさんにしかできませんでした。メーカーの社長も最初はそれこそが職人だと思い込み、社長も他の社員もCさんやDさんのご機嫌をとりながら仕事をしていました。

しかし、業績が伸び悩んだため、社長は元トヨタマンのコンサルタントに依頼し、業務改革を行いました。すると、最初に指摘されたのが「〇〇さんにしか分からない仕事」を「誰にでもできる仕事」に改善することでした。倉庫の中がCさんにしか分からないのは、倉庫が整理整頓されていないからです。倉庫を整理整頓して「何が、どこに、何個ある」かが新人にでも分かるようになれば、「倉庫の達人」は不要になります。機械の調整も改善さえ行えば、新人でもほんの数秒で調整ができるようになります。仕事を難しくしていたのは実は「〇〇の達人」であり、そのような達人の存在こそが人材教育を難しくして、職場の雰囲気をギスギスさせていたのです。

仕事が分かりにくく複雑なのは、標準化を怠っているだけです。新人でも少し研修するだけで大抵の仕事ができるようになりさえすれば、仕事の生産性は格段に上がります。その分、コストも下がり、利益が出る体質に変わることができるのです。

生産現場の場合はそれでも標準化された作業もあります。見える化や多能工化などさまざまな仕組みが導入されると、仕事の属人化の課題は改善されます。しかし間接部門の場合、こうした取り組みが十分には行われていないところが多く、日本の企業の競争力が低下している一因となっています。

先ほども触れたように日本の管理部門は、10人いたら10人が時間一杯働けるだけの仕事をするうえ、たまたまその人が持っている能力に依存し、仕事が進んでいきます。

そのため、その部門の部長や課長ですら、自分の部はどのような仕事をやっていて、一人ひとりがどんな仕事を担当しているのか、また一人ひとりに何ができて、何ができないのかを完全には理解していません。

トヨタ式を導入している企業では、生産現場で働いているすべての人に「星取表」をつけています。これは働く全員について、それぞれの仕事に必要な能力をすべて書き出し、各人が「何ができて何ができないのか、今挑戦している技能は何か」が一覧表で見えるようになっています。

これを間接部門で働く全社員に実施した経験があります。たとえば、総務部で必要な能力、経理部で必要な能力などをすべて書き出します。そのうえで部員一人ひとりについてこの人

星取表

業務内容 ＼ 氏名	報告書作成	取引先との交渉	……
豊田太朗			
豊田花子			
……			

第1段階
1人で作業できる

第2段階
標準作業で決められた予算、時間でできる

第3段階
異常時の対応ができる

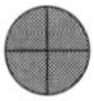
第4段階
改善・指摘ができる

は何ができて、何ができないのか、できるレベルはどこまでなのかを「星取表」にしたところ、できると評価を得ていた社員でさえ、部門で必要な能力の半分もないことが分かったのです。

それほどに間接部門においては、その部門がどんな業務を行っており、一人ひとりが何を担当し、その能力はどれほどのものかがはっきりしないまま、日々の業務が進められているのです。

個々の能力に加え、権限設定も曖昧な場合、誰に何の判断を仰いだらいいのか、誰に何をどこまで任せていいのか、自分はどこまで任されていいのかがはっきりしません。するとみんなで同じ場所にいないと不安になりますし、同じ場所にいても、何となくモヤモヤするし、職場の雰囲気もギスギスしてしまうのです。

このようなギスギスを解消するためには、まずは自分の部署は何をする部署なのかを明確にします。現在手掛けている業務すべてを一覧表に書き出し、「これは力を入れる、これは力を入れない、これはやめる」といった整理整頓を行うのです。そして可能な限り業務を標準化し（または業務そのものを、クラウドサービスなど既に標準化されかつ汎用的な業務プロセスに乗せてしまい）、部員の能力の星取表もつけ、業務の属人性を低くしていくことが求められます。

こうした取り組みをすれば「誰に何を聞けばいいか分からない」状況から脱することができるのです。

第5節　まとめ

■個々の能力や権限設定が曖昧だと、誰に何の判断を仰いだらいいのか、誰に何をどこまで任せていいのか、自分はどこまで任されていいのかがはっきりせず、ギスギスした職場になる

■解決の第一歩は、自分の部署は何をする部署なのかを明確にし、現在手掛けている業務すべてを一覧表に書き出すなど、業務の整理整頓を行う

■星取表などを活用し、属人的な仕事は「誰にでもできる仕事」に標準化する

第6節
職場環境によるギスギス⑥ 部門間の連携が取りにくい

職場がギスギスする理由の6つ目は、部門間の連携の取りにくさです。

HR総研の調査によると、7割が社員間のコミュニケーション不足は業務の障害になると感じているといいます。特に、大企業で課題視される関係は「部門間」と「部署内のメンバー同士」が最多です。[*5]

連携が取れないのには4つのケースが考えられます。

1つ目は、本社と工場などが物理的に離れていて接点がないケースです。あるいは、同じビルの中でもセキュリティが厳しすぎて、フロアや部署が違うと入れない（扉自体が開かない）ケースもあります。こうなると、かつてのように違う部署の人間が気軽に訪ねていくわけにはいきません。

社員間のコミュニケーション不足は業務の障害になると思うか

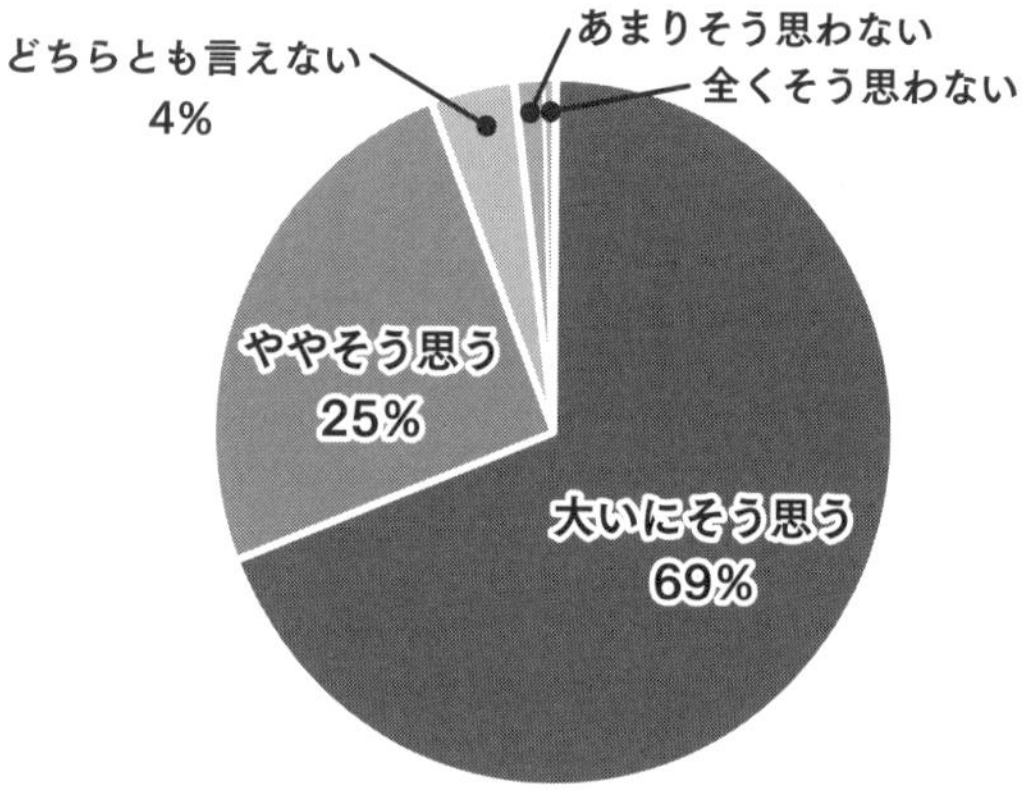

社内コミュニケーションに最も課題を感じるのは「部門間」

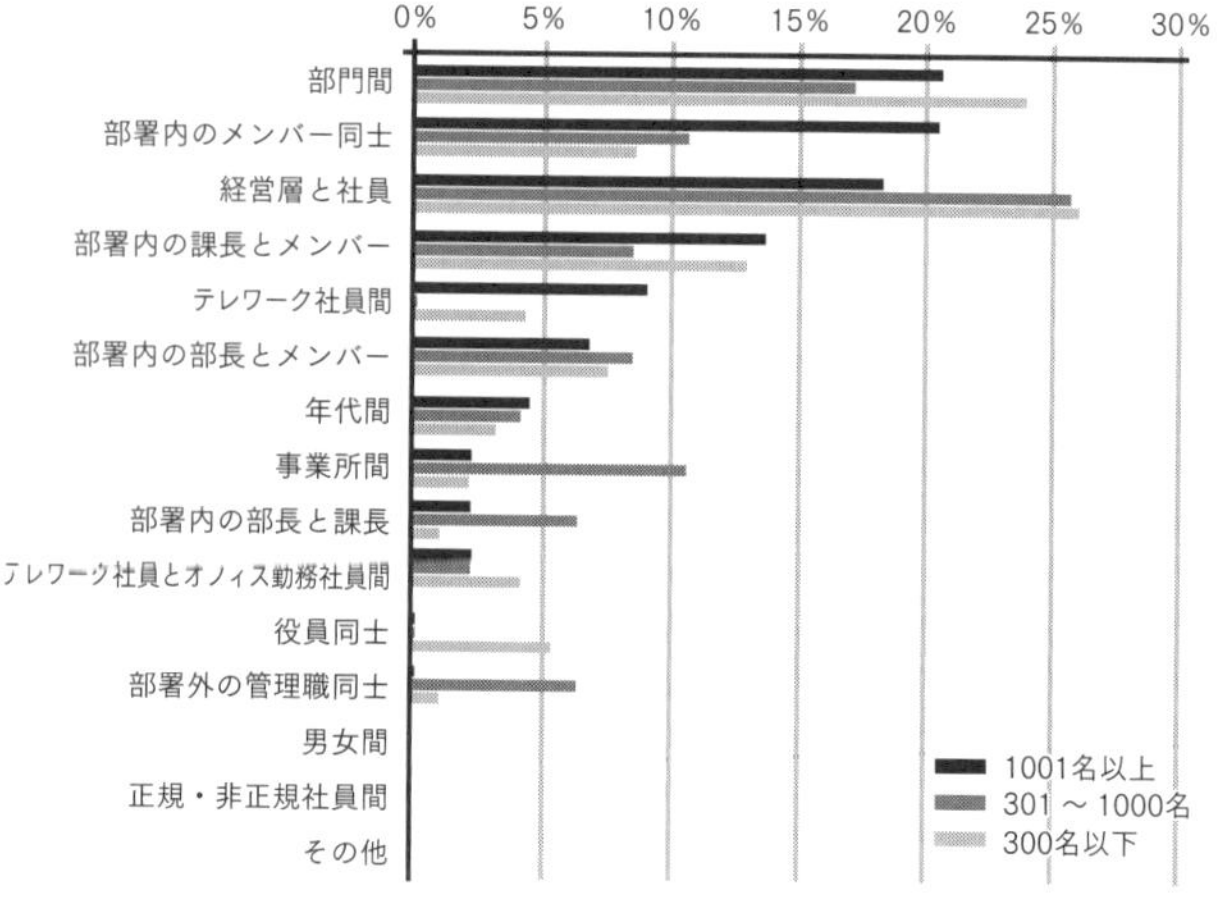

2つ目は、組織が縦割りで物理的には離れていなくても、心理的な壁があるケースです。
3つ目は、他の部署と連携を取らなくても業務が回っていくケースです。
そして4つ目が、他の部署と連携を取る時間がないケース。働き方改革による残業規制などの影響もあると考えられます。

同じ企業でも、事業部が異なればまるで別会社。仕事の連携どころか、人の交流もほとんどないうえに、同じ会社でありながら複数の事業部が競合する製品をつくっていた時代もあったほどに、日本の組織は縦割りで他部署との連携はあまり得意ではなかったように感じます。

しかし、時代は今や統制型からオープン型に変わってきています。企業として抱えられる人数も減ってきています。その中で今までにない新しいものを創り出していき、難しい課題に挑戦していくためには、一つの部署だけ、本社だけ、工場だけといった狭い枠の中で仕事を進めるのではなく、複数の部署、会社全体、さらにはグループ会社の総力を挙げて取り組む必要があります。社内やグループの中に答えがなければ、それこそ社外に出て行って答えやヒントを持っている人とつながる必要があります。

にもかかわらず、同じ社内で部署間の連携が取れない、連絡がしにくい、上の人間同士の仲が悪いなどと言っているようでは、職場はギスギスしてきますし、時代から取り残されるほかありません。

今の時代、つながれない人や組織は問題解決能力や価値創造能力が下がります。これからの時代を生き抜いていくためにも、組織は徐々にでも、あるいは部分的にでもオープン型に進化していく必要があるのです。

たとえば、トヨタ自動車やホンダは随分と前から、新車の開発などではいくつもの部署の人間が一堂に会して一緒に仕事をする大部屋方式を取り入れています。こうした仕組みの中でそれぞれの部署の人たちが言いたいことをはっきりと言いながらも、お互いに知恵を出し合っていく、トヨタ式の「仲良くケンカする」仕組みがなければ良いものをつくるのは難しいでしょう。

私が勤務していた日産自動車も然りです。１９９０年代後半に経営危機に陥った日産にカルロス・ゴーンさんがＣＥＯとして乗り込んできた時、効果を発揮したのが「クロスファンクション」の考え方でした。

困難に陥った企業の再建に向けて、9つの機能横断型チーム（CFT、クロスファンクショナルチーム）を組織。各CFTはそれぞれの機能に関する専門知識を持つ中間管理職の中から実績のあるメンバー約10名で構成され、主導する立場の人（パイロット）は中間管理職か少し上位の管理職が務めています。

当時の日産は組織内のコミュニケーションができておらず、部分最適に陥っていました。たとえば購買は「とにかく安く」を追求しますが、それだけだと部品の品質や工程で問題が起こります。これが部分最適です。

同様に、組織については人事が考えますが、他の部署の意見を聞かないままに結論を出して、「これで決まりました」と各部門に下ろすスタイルだと、「こんなのできるわけがないだろう」と反発を受けるだけです。

これでは組織は全体としてうまく機能しません。

だからこそ再建には組織に横串を刺して、みんなでしっかりと議論をして最善の策を考える仕組みが必要だったのです。購買だけ、人事だけで決めるのではなく、各部署から「あいつなら」と思うメンバーを選んで、品質が購買にアドバイスしたり、現場が人事とディスカッションしたり。このような仕組みがあれば、部分最適を防げますし、クオリティの高い実行案も生まれ、結果として実行される可能性も高くなるのです。

こうした取り組みの集積がリバイバルプランとなり、日産の再生へとつながったわけですが、他にこのような仕組みも生まれています。たとえば、人事部が新しい制度を起案する時、電子決裁システムに入れると利害関係者に自動的にメールが送信されて、期限内に意見を戻してもらうようにしました。そうすることで一方的な押しつけから脱し、みんなの「議論」と「納得」が加わり質の高い実行案ができるようになったのです。

こうして組織はマトリックス組織になり、みんなが全体最適を考えるようになり組織間のコミュニケーションが劇的に変わったことが日産の再生につながったのではないかと考えられます。

日産自動車のクロスファンクションの取り組みは、企業ぐるみの大きな改革です。一方、部門単位やチーム単位でも「つながり合って解決する」小さな成功体験をつくることは十分可能です。

- チーム内、部門横断などで問題や課題を解決するプロジェクトを立ち上げる（例：品質向上プロジェクト、新卒育成プロジェクト、ペーパーレス化プロジェクト、育休復帰をス

ムーズに行うための検討会）

- 通常業務の1割程度の時間、普段とは違う担当者同士、レポートラインの異なる管理職と担当者同士でのチームワークを行う
- 問題意識や興味関心を共有する場を設ける（例：DX勉強会、技術書読書会、外部の講演者を呼んだ講演会）

このような半径5m以内の課題を、チームや職位さらに組織を超えて解決するための取り組みはいくらでも考えられます。

もちろん、ただプロジェクトを立ち上げただけではうまくいきません。階層や組織を超えてコミュニケーションをとりながら成果を出すためには、相応のスキルやマインド、仕掛けも必要です。

- 構造化スキル、プレゼンテーションスキル、クリティカルシンキング、自己開示する力、ITツールを使いこなすリテラシーやマインド、ファシリテーション能力など。マネージャーのスキルとマインドのアップデートも必須（例：傾聴力、リスペクティング行動）

社内コミュニケーションで利用頻度の多い手段

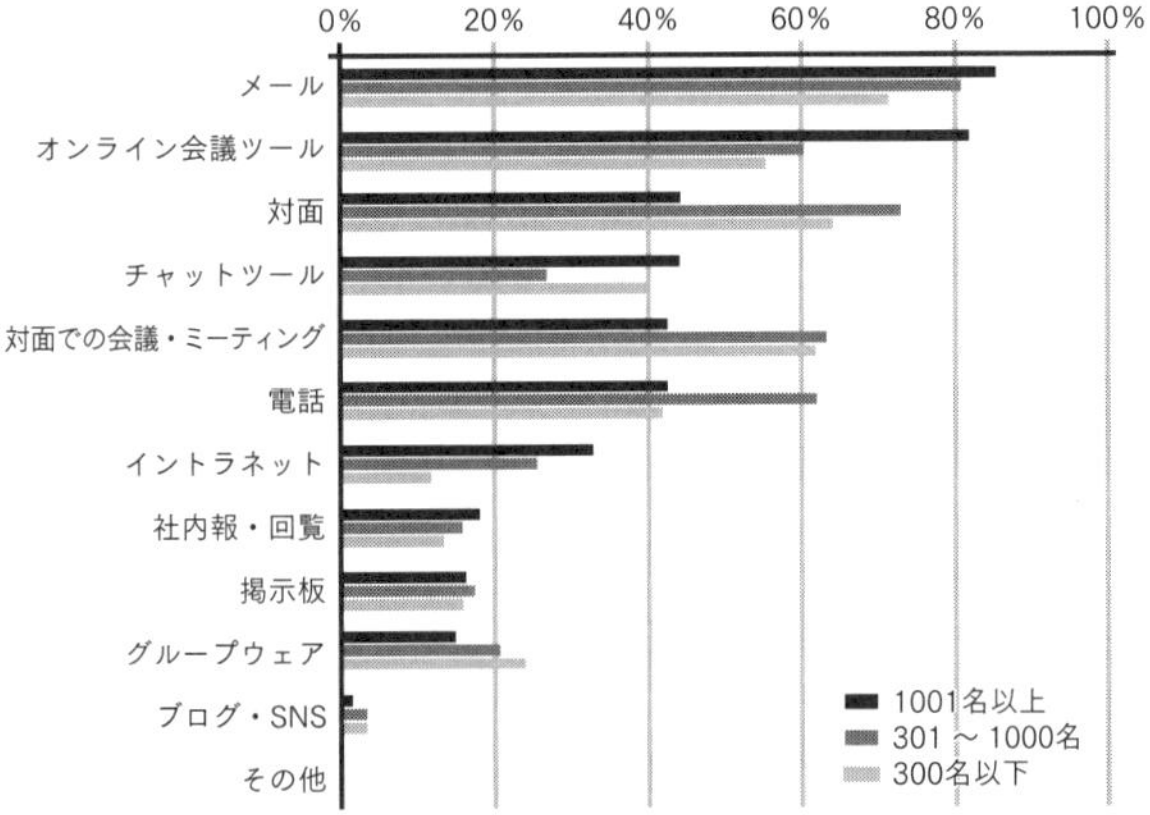

・ビジネスチャットなど非同期でつながれる仕組み

いちいちメールや電話、対面でやりとり。加えて、添付ファイルはお決まりのようにｚｉｐ形式で圧縮されパスワードは別メールで送付……なんてやっていたら、円滑かつテンポ良いコミュニケーションも情報共有も行われません。

新型コロナウイルスの影響で、日本企業の多くが、社内コミュニケーションツールとして、「メール」に次いで「オンライン会議ツール」を利用するようになりました。[*5]

これからの時代、一つの部署や企業だけで問題を解決して、新しい何かを生み出していくのはとても難しくなってきます。仮にできたとしてもそのためにはたくさんの人を抱えなければならないし、時間もかかります。

それよりも異なる部署や企業、顧問やフリーランスそして複業人材など外部の人たちも含むオープンなコラボレーションをする仕事のほうがはるかに多くを生み出せるし、スピードも上がります。

「部署間の連携が悪くて」などとギスギスしている暇はありません。オープンにコラボレーションする仕事のやり方に変えていかないと組織は継続できませんし、成長もできません。たとえ組織内であってもオープンにつながって仕事をする経験、能力、マインドを今のうちから身につけておきましょう。

第6節 まとめ

- 7割が「社員間コミュニケーションに課題がある」と感じている
- 大企業で最も課題視されるコミュニケーションは「部門間」と「部署内のメンバー同士」
- 半径5m以内の課題で、部門間のコミュニケーションを活性化させる
- たとえ組織内であってもオープンにつながって仕事をする経験、能力、マインドを今のうちから身につけておく

第7節

労働環境によるギスギス①
公平すぎて不公平な働き方

ここまで職場がギスギスする理由として、主に職場環境の問題を取り上げてきました。他にも職場がギスギスする要因はあります。その一つが「労働環境」です。

その筆頭とも言えるのが、公平すぎて不公平な働き方。

こう言うと、「不公平なら分かるけど、どうして公平な働き方がギスギスにつながるのか」と疑問を感じる人もいるかと思います。もちろん、職場における公平さは重要です。「上司が公平だ」と感じる部下のほうが、抑うつ感が少なく、仕事へのモチベーションが高い結果が、欧米の研究で明らかになっています。*6 また、組織の公平さが、社員の仕事に対する誇りや、組織への愛着や一体感を高める効果があるという研究結果もあります。*7

しかし、今の時代、同じ会社だからとみんなに同じ働き方を強いると、かえってみんなが苦しむことにもなり得ます。

　たとえば、新型コロナの感染拡大によって準備の有無にかかわらず多くの企業がテレワークを導入し、いかにオフィスに出社する人間を減らすかが求められました。一方で、テレワークができない職種も間違いなく存在します。医療従事者はもちろん他にも、たとえば工場やゼネコンの建設現場で働く人たちにもテレワークはまだ現実的ではないでしょう。

　企業によっては、「工場の人たちはみんな出社して働いているんだから、事務や営業、研究開発の人間もテレワークなどしないで毎日出社しろ」と全員出社を強いるところもありました。あるいは、間接部門でも総務や経理は日本特有のハンコ文化の影響もあって、経理が出社しなくてもいいように何とかするのではなく、「総務や経理は出社しているんだから、人事も情報システム部門も出社するのが当然だろう」と命じるところもありました。

　同じ会社のどこかの部署の人だけが不公平にならないように、みんなを公平に出社させようとするいかにも日本らしい配慮です。言わば、みんなで仲良く我慢する、みんなで仲良く苦しむ非常に公平感のある配慮ですが、実はこうした奇妙な公平感こそが組織全体の負けパターンになり得るとそろそろ私たちは理解する必要があります。

　そもそもテレワークをするかしないか以前に、生産現場で働く人も研究開発や営業職の人も同じような働き方をする意味があるのでしょうか。研究開発の人であれば、朝9時から夕方5時まで事務所にじっといるよりも、これまでも触れたようなオープンなつながりを求めて外で仕事をしたり、外の人と交流したりするほうがはるかに生産的です。営業部門の人も外に出て（あるいはオンラインで）顧客とのつながりを深めるほうがいいはずです。生産部門の管理職にしても一日の大半を書類仕事に費やすのではなく、より多くの時間、現場に出る必要があります。外の知識に触れ、業界他社や他業界の生産管理のやり方を学ぶのも生産管理のプロとして求められる行動でしょう。そこにおいては「働く時間」はもちろん「働く場所」も含めてもっと柔軟であっていいはずです。

つまり、生産現場の作業者が同じ時間に同じ場所にいて決められた仕事をやる働き方は、たしかに「生産現場の勝ちパターン」ではあっても、経理や営業、研究開発、IT部門といった人たちにとっては「勝ちパターン」どころか「負けパターン」と言えるかもしれないのです。

「職種を問わずみんなが公平に」は、職場のギスギスを防ぐように見えます。しかし実は「自分たちの職種の勝ちパターンを、会社は認めてくれない」と不満を高め、職場のギスギスを生むだけでなく、会社全体の力を弱める可能性もあるのです。

テクノロジーの進化に伴い、ITを活用した新たな仕事のやり方、すなわち新たな勝ちパターンが次から次に生まれてきています。それにともなって、職種ごとの勝ちパターンが変わりつつあります。たとえば営業は、今までは訪問とテレアポが王道だったかもしれません。しかし最近では、インサイドセールスやカスタマーサクセスなどＩＴを使った新たな仕事のやり方が勝ち筋になりつつあります。

「同じ営業職種なのに、ウチの会社は毎朝同じ時間に出社して、そこから外回りに出なければならない。他社はテレワークなど新たなやり方で成果を出しているのに……」

「この会社で、私はプロとして成長できるのだろうか？」

これからの時代、社内の不公平感よりむしろ職種の不公平感のほうが問題ではないでしょうか。プロとして正しく成長できる環境こそが、成長意欲の高い人材のエンゲージメントを高めます。

- 職種ごとチームごとに自分たちの勝ちパターンは何かを話し合ってみる
- 悪気なく負けパターンの仕事のやり方に陥っていないかをチーム内で話し合ってみる

・同職種の他社のやり方を学ぶ機会を設ける（例：オンラインセミナーに参加する、専門家を招いて講演してもらう）
・職種単位、チーム単位で新たな働き方（勝ちパターン）を取り入れてみる

このようにして、全社一律ではなく部署単位や職種単位の勝ちパターンを実現していきませんか？

かつては同じ会社でみんなが同じ行動をして、信頼関係や帰属意識の構築につなげていました。今日のように働く人や働き方も多様化して、個のニーズに対応しなければならない時代、ひいては職種による専門性が細分化されてきた時代においては、いつまでも同じ会社でみんなが同じ行動をするのは、働く人にとっても会社にとってもマイナスかもしれません。

生産部門は生産部門の勝ちパターンを、研究開発部門は研究開発部門の勝ちパターンを、経理は経理の勝ちパターンを見つけていきましょう。私たちは自社のこれまでのやり方に固執するのではなく、世の中の同じ職種の人たちがどんな働き方をして、どんな成果を上げているのか、目を向けて変えるところは変えていく必要があります。

同時に、それぞれの部門や個人が最善の働き方をしながらも、ビジョンは共有し、目指す

ゴールは一つでなくてはなりません。働き方は違っていても、ビジョンの下に平等であればそれでいいのです。

公平さを求めすぎると、かえって不公平な働き方になります。会社単位ではなく、職種単位の勝ちパターンを見つけてこそ職場のギスギスは解消され、成果を上げる組織に変わることができるでしょう。

第7節　まとめ

- ■職場が公平であることは重要。「上司が公平だ」と感じる部下のほうが、抑うつ感が少なく、仕事へのモチベーションが高い
- ■だからといって、「会社のみんなが同じ行動をする」公平さや同調圧力は無用
- ■世の中の同じ職種の人たちがどんな働き方をして、どんな成果を上げているのかに目を向けよう

第8節

労働環境によるギスギス②
テレワークで仕事がはかどらない

テレワークのような、個人個人が自宅などのプライベート環境で仕事をする場合も「ギスギス」は起こりえます。オフィスでの仕事に比べてテレワークでの仕事がはかどらないとなると、個人的にはイライラしますし、チームとしても「どうしてだろう」と頭を抱えることになります。

実際、テレワークによる生産性の低下を示唆するデータもあります。

一つは内閣官房と経済産業省が取りまとめたデータで、日本ではテレワークの生産性について、オフィス勤務よりも生産性が低いと回答した人が82％に達しており、テレワークのほうが生産性は高いと回答した人はわずか3・9％でした。

一方、米国の調査によると、41・2％の人が生産性は上がったと回答し、生産性が下がったと回答した人は15・3％しかいませんでした。[*8]

同様の結果がパーソル総合研究所の調査でも出ています。

こちらの調査では、職場に出勤した時の仕事の生産性を100％とすると、テレワークを行った時の生産性がどのくらいになるかと聞いたところ、全体平均で84・1％となり、ここでも職場への出勤時と比べてテレワークでは生産性の低下を多くの人が実感している結果になっています。[*9]

後者の場合、日米の比較がないため米国の実情は分かりませんが、いずれにしても米国に比べて日本は、テレワークはオフィスに比べて生産性が下がったと感じている人が多いのは事実のようです。

こうしたデータを見ると、「やはり日本人にはテレワークは向かないんだ。日本はオフィスに出社してみんなが顔を合わせて仕事をするのが一番だ」と古い考え方の人や変わりたくない人に都合のいい結論を導き出す組織もありそうです。しかし、もしそうだとすると、なぜ日本の職場はこれほどにギスギスして、しかも企業として競争力が低下しているのでしょうか？

実は私自身、このデータを見た時、「そりゃあそうだろう」と思いました。

なぜなら日本の職場ではこれまで同質性の高い人たちが、同じ場所に集まって、阿吽の呼吸で仕事をしてきたわけですから、そのやり方を改めないままに、ましてやしっかりとした準備もせずにテレワークに移行した場合、生産性が上がるわけがないのです。

たとえば、企業の事務職がそれまで手作業でやっていた仕事をそのままＩＴシステムに載せかえるとしましょう。従来のやり方をすべてＩＴに載せようとすると、操作項目が増えたりカスタマイズが増えたりと、お金をかけた割には生産性が上がらず、投資効果の低いものになります。

なぜなら、今までの手作業の中にあったムダを改善していないため、ムダがそのままＩＴに移行してしまっているからです。本来、ＩＴ化や機械化はそれまでのやり方のムダを省くなど徹底した改善とセットで行うべきです。そうでないと、ムダがそのままＩＴ化ないし機械化された業務プロセスに永遠に温存されてしまいます。

テレワークの場合も同様に、今までの対面ベース、全員オフィスに集合前提の阿吽の呼吸ベースの仕事のやり方をそのままオンラインに移行しても、うまくいかないのは当たり前です。さらには、今までの仕事のやり方には実は多くのムダが含まれているかもしれません。

たとえば、資料のデジタル化が進んでいなければ、仕事で必要な資料を見ようと思ってもテレワークでは確認できず、結局出社するほかなくなります。ハンコも同様です。稟議書や経費の精算などにハンコが必要な場合、テレワークでは対応できないからと、結局は「ハンコを押す」ただそれだけのために出社することになります。Ｚｏｏｍやビジネスチャットなどを使って会議をやろうとしたところ、年配の上司が操作に不慣れで、結局は電話で話したり、ファックスを送ったり、あるいは最終的には全員が出社を余儀なくされたりします。

こうしたムダを放置したままでテレワークを行えば、「何だか効率が悪いなあ」「やはりオフィスでみんなと仕事をしているほうがいいなあ」と思うようになるのです。これらはテレワークの問題ではなく、実は「テレワーク以前」の問題なのです。

さらに問題なのは「職場に出勤した時の仕事の生産性を１００％とする」のが前提となっている場合。そもそも今までの出社及び対面ベースで成り立ってきた仕事のやり方は、本当に生産性が高いのでしょうか？

たとえば、多くの人が感じているのが書類やコピー、電話や長すぎる会議のムダなどですが、100％の生産性にはこうしたたくさんのムダも含まれているはずです。空き会議室を探して予約する手間、プロジェクターなどの機材をセットして資料を印刷して配布する手間、あるいは営業社員がお客さまを訪問するための移動時間も100％の生産性に悪気なく含まれているはずです。

こうした数々のムダを削ぎ落した場合、果たして職場での正味作業は一体どれだけになるのでしょうか。一方、テレワークでは空き会議室を探したり資料を印刷配布する手間もなければ、移動時間も発生しません。たいして重要でもない電話に時間もとられません。こう考えた時、職場での生産性とテレワークでの生産性を単純に比較するのには、かなりの無理があるのではないでしょうか。仮にテレワークでの仕事がはかどらず、効率が悪いと感じているとしたら、そもそも、その仕事や作業はムダではないかを疑って無くした方がギスギスを解消するのに役立つはずです。

生産性のデータで私がもう一つ疑問を持っているのは、そこには通勤時間による疲労度などが考慮されていないことです。こうしたデータにおける生産性は、あくまでも職場に出社して退社するまでの話です。しかし、後ほど詳述しますが、日本ではオフィスに出社するために長い通勤時間を必要とします。当然、出社前には早くから起きてお弁当を作ったり、外出のための身支度などの準備を行ったりします。

生産性のデータには、こうした長い通勤時間がもたらすマイナス面が考慮されていません。一方、テレワークのメリットとして多くの人が「通勤時間からの解放」を挙げているように、長い時間をかけて出勤した職場で疲れ果てて仕事をして、再び長い時間をかけて自宅に帰るマイナスたるやとても大きなものです。オフィスワークの生産性に比べてテレワークの生産性が低くなるデータを鵜呑《うの》みにするのはとても危険なことなのです。

テレワークに移行したものの仕事がはかどらない悩みは、職場のギスギスよりはイライラの原因になります。しかし、これからの時代、いろいろな人たちとオープンにつながって仕事を進めるうえでテレワークは欠かせないオプションです。

パーソル総合研究所の調査によると、テレワーカーが抱く組織への愛着は、出社者の1・3倍だそうです。「会社に愛着を感じている」「会社に対して感謝の気持ちを持っている」

「会社の一員として仕事をすることに誇りを持っている」のいずれの項目についても、テレワーカーのほうが出社者に比べて高い数字を示しています。

さらに「私は、上司からの期待を越えるパフォーマンスを発揮している」「私は、担当業務の責任を果たしている」「私は、職場で任されたレベル以上の役割を果たしている」といった仕事の成果認識についても、テレワーカーのほうが出社者の約1・2倍と高い数字が出ています。[*10]

テレワークによる組織の求心力や生産性の低下が懸念される中、実際にテレワークをしている人は「社員の健康を考え、不要不急の出社はしなくてもよい」と考える企業の姿勢に感謝し、企業のためにがんばりたい気持ちになっていると考えられます。また「会社や上司が自分をプロとして信頼してくれる」「自立した大人として接してくれる」そうした安心感が、働く人たちの組織に対するエンゲージメントを高めているとも捉えられます。

幸福感の高い社員の生産性は平均31%、売り上げは37%、創造性は3倍高いことは、カリフォルニア大学教授のソーニャ・リュボミルスキー、ミズーリ大学のローラ・キング教授、イリノイ大学のエド・ディーナー特別教授による225件の学術研究の詳細なメタ分析によって明らかになっています。[*11] さらに、テレワークは幸福度を高め、働く幸せをもたらすデータがあります。[*12]

だとすれば、テレワークによる生産性の低下を引き起こしている原因は何かをしっかりと分析したうえで改善をしていけばいいのです。そこを解決できれば、テレワークは職場のギスギスの解消にも大いに貢献してくれるはずです。

具体的には、以下のような流れを踏んでからの、テレワーク導入をおすすめします。

- 「テレワークは生産性を下げる」データやレポートに惑わされない
- まずは、テレワーク以前の仕事のやり方にムダや削減余地がないか疑ってみる
- テレワークやオンラインの仕事のメリットを洗い出してみる
- テレワーク併用でもうまく回るような仕事のやり方、コミュニケーションの仕方に再設計する
- この機会に、テレワーク併用でも成果を出せるスキルやマインドを育成する／身につける

とりわけ、テレワークでも成果を出せるスキルやマインドの育成はきわめて重要です。そ

のスキルとマインドは、対面で仕事をするうえでも間違いなく役立ちますし、テレワークをするしないにかかわらず組織の生産性を大きく向上させます。

組織のアップデートの機会だと思って、テレワークに前向きに取り組んでください。

テレワークで成果を出すためのスキルとマインドの一覧を掲載します。自組織やご自身のスキルの現在位置の把握と、目標設定および育成計画にご活用いただけたら幸いです。詳しい説明は、書籍『どこでも成果を出す技術』（技術評論社刊）を参照するか、『組織変革Ｌａｂ』（オンライン・越境学習プログラム）を受講してください。

テレワークで成果を出すためのスキルとマインド一覧

1. ロジカルコミュニケーション
・結論から言う　・手短かに話す
・発言の種類を明確にする(提案/質問..)
・論点をナンバリングする

2. セルフマネジメント
・集中できる環境を選択できる
・モチベーションコントロールできる
・作業時間を見積れる
・約束を守れる(または調整できる)

3. ヘルプシーキング
・アラートを上げて助けを求められる
・専門家(組織内外)を頼れる

4. クリティカルシンキング
・問題、課題を言語化できる
・問題、課題を構造化できる
(例.仕事を5つの要素に分解する)
・お互いの認識/誤解を言語化できる
・図解できる

5. チームビルディング
・自己開示し合える
・自分の役割と相手への期待を明確にできる
・共通の仕事の進め方を提案・実行できる
・マウンティングしない

6. プロジェクトマネジメント
・タスク分解できる
・自分の仕事の計画をたてられる
・問題管理/課題管理できる
・プロセス全体と、現在位置を明確にできる

7. ファシリテーション
・アイスブレイクできる
・目的やテーマを投げかけられる
・キーワードやフレーズで論点を言語化する
・意見や議論を書き出して可視化する
・間を置いて話す
・相手の意見や反応を受け止める

8. ITスキル/リテラシー
・オンライン会議ツール/ビジネスチャットを使いこなせる
・オンラインファイル共有サービスを使いこなせる
・スケジューラで予定を共有する
・タスク管理ツールやチケット管理ツールを使いこなせる
・通信トラブル時に代替手段で対応できる
・反応を示す(相づち、スタンプなど)
・従来のビジネスマナーを強要しない
・"てにをは"にこだわりすぎない
・突発のトラブル/プライベートの混在に寛容になる
・感謝とユーモア

第8節　まとめ

■テレワークによる生産性の低下を示唆するデータやレポートがあるが、それは日本の組織がテレワークのための準備ができていないためである

■実際、テレワーク導入企業の社員は出社者に比べ、組織への愛着が1・3倍、仕事の成果認識が約1・2倍と高い

■幸福度が高い社員の生産性は平均31%、売り上げは37%、創造性は3倍高いことを示すアメリカの研究結果もあり、テレワークは幸福度を高める

■まずは、テレワーク以前の仕事のやり方にムダや削減余地がないか疑ってみる

■テレワークやオンラインの仕事のメリットを洗い出す

■テレワーク併用でもうまく回るような仕事のやり方、コミュニケーションの仕方の再設計をする

■テレワーク併用でも成果を出せるスキルやマインドを育成する／身につける（前ページ参照）

第9節

労働環境によるギスギス③
物理的環境がよくない

物理的な職場環境の悪さも職場の雰囲気をギスギスさせます。具体的には、以下のような環境が挙げられます。

- 換気がされておらず空気が悪い
- 温度調整ができておらず暑すぎたり寒すぎたりする
- 音がうるさい
- 照明が暗い

生産現場などでは冷房設備の代わりに大型の扇風機などを回しているところもありますが、日本のように夏が酷い高温多湿になる場合、暑さは仕事の能率を下げるだけでなく、働く人が熱中症になる危険性もあります。

ある企業の経営者が「人に優しく、人に易しいものづくりを目指したい」と話していました。「人に易しい」は、余計な調整などをなくし、標準作業を整備することで難しい仕事をできるだけ易しくするといった意味です。もう一つの「人に優しく」は、たとえば重いものを運ぶといった男性社員にしかできない仕事をなくしたり、できるだけ静かで明るい環境にしたりして、年齢や性別に関係なく誰もがいきいきと働ける環境にすることです。


職場の暑い寒いやうるさい、暗いなどは、働く人のパフォーマンスに影響します。「この職場は自分たちをモノとしか見ていないんじゃないか」とモチベーションの低下にもつながります。

当然、健康にもよくありません。そのような職場でプロとしてモチベーションを上げて働くのはおよそ不可能です。

特に気をつけたいのが、工場や営業所の職場環境は悪いにもかかわらず、本社はとても居心地のいい職場になっているケース。

ある企業の工場の隣には、立派な本社ビルが建っていました。工場で働く人たちがよく口にしていたのが、「本社の人間はあのビルの上で食事をしながら自分たちを見下ろしている」といった不満でした。あるいは、本社ビルの人間が工場に足を運ぶことは滅多になく、何かあると工場の人間を本社に呼びつけていましたが、それについても「彼ら／彼女たちはクーラーの効いた部屋から一歩も出ようとしない」と言われていました（だからといって、工場の現場と不公平だから、本社の環境改善には一切投資しないのは悪手です）。

職場環境の悪さはパフォーマンスやモチベーションの低下を招き、働く人の気持ちをギスギスさせます。改善の投資をしましょう。

他にも職場環境の悪さにつながりやすいものがあります。

- トイレの数が少ない／ほとんどが和式
- 休憩室が狭くて汚い
- 食堂が混んでいてゆっくり食事できない
- 食堂の食事がまずい

現場をよく知らない人たちから見ると、ささいなことかもしれません。しかし、これらが積み重なると職場はギスギスするし、退社する人も増えていくのです。

トイレのあり方も見直したいところです。最近インターネットで、こんな記事が注目を浴びました。

「【悲報】弊社に中途入社した新人が、初日に〈トイレが和式だった〉という理由で退職」

決して笑い事ではありません。和式トイレは体に負担をかけますし、体の不自由な人にとっては死活問題になることも。それくらい、トイレの問題は軽視できないのです。

次のようなエピソードもあります。親会社から生産子会社の社長に就任した人が最初に目にしたのが、女子トイレの混雑。休憩時間がそれだけでなくなってしまいます。本来ならトイレの数を増やしたいところでしたが、赤字続きで経営が厳しく、すぐに対応できませんでした。そこでその社長は、生産ラインごとに休憩時間を少しずつずらしてトイレの混雑を緩和しました。

さらに汚れていたトイレや休憩室、食堂の壁紙を新しく張り替えたり、ペンキを塗り直したりしてほんの少しですが居心地のいいものに変えました。すると、それだけで働く人たちの気持ちが変わったのか、遅刻や欠勤をする人が減り、業績も徐々に上向いてきたのです。

職場が以前よりも少し居心地のいいものに変わるだけで、働く人たちは「自分たちのことを考えてくれている」と感じます。その分、以前よりも少しだけ一生懸命働いてくれるようになるのです。工場などで遅刻や無断欠勤が目立つと感じたなら、職場環境に目を向けてみましょう。職場環境が変われば、働く人の気持ちも変わり、それだけで仕事の質も変わっていきます。

こうした職場環境の改善が職場の雰囲気を変え、パフォーマンスを向上させるのは生産現場だけではありません。

オフィス環境をできるだけ快適なものにしようと、従来の誰がどこに座るかが決まっている固定したスタイルから、その日の気分や仕事内容によって座る場所を自由に決められるフリーアドレスを採用するケースがあります。あるいは、企業によっては電話などのない一人で集中できるスペースをつくったり、数人でミーティングするためのスペースを増やしたり、さらには瞑想や昼寝ができるスペースをつくったり、食堂やカフェを仕事もできるスペースにつくり変えたり、とさまざまな工夫が行われています。

ABWの考え方が日本でも注目され始めています。Activity Based Working の略で、各々の仕事の特性に応じて個人個人が最適な環境を選べるようにする、オランダの企業発の考え方です。すなわち組織は、個々人の勝ちパターンを尊重し、勝ちパターンを実践してパフォーマンスを上げられる環境を整備しましょう。こう捉えることができます。

従来の日本のオフィスは、これまで述べたように大量生産に適したものであり、限られたスペースの中にいかに効率よく人を詰め込むかが重視されていました。結果、たくさんの机が並ぶ部屋と、会議のための部屋くらいしか用意されていませんでした。しかし、人材の多様化と職種の細分化や専門化が進む昨今においては都合が悪い。固定的な場所で、ウマの合わない人と四六時中顔を合わせて仕事をするのは精神的にもよくありません。常に誰かが電話で話していたり、雑談が行われたりしてかなりうるさい実情もあります。

これでは集中して仕事をしたいと思ってもできません。何か思いついてメンバーとミーティングをしたくても、会議室が空いていなければ簡単に集まることもできません。

ABWの考えに則し、オフィスとコミュニケーションのあり方を見直す企業が増えてきました。

グーグルのイノベーションの秘密の一つと言われているのが「食べ物から150フィートルール」です。カフェ、レストラン、共有スペースのお菓子など食べ物はさまざまですが、オフィスのどこにいても、必ず150フィートで食べ物にたどり着けるようになっています。

これは単なる福利厚生とは違います。人は顔を突き合わす回数が多いほど、互いの考えが似通って親しくなれると言います。であるならば社員同士が顔を突き合わせる回数を増やし、時間を長くすることが効果的です。食べ物がきっかけになって、社員が共有スペースに集まり、そこで気軽に雑談や意見交換が行われます。

かつての日本企業ではタバコを吸うためのスペースや、アフターファイブの「飲みニケーション」の場がこうした役割を果たしていましたが、最近のオフィスはほぼ禁煙です。その代わりに、カフェコーナーやお菓子コーナーなどが設けられるようになりました。食堂をお昼時に使うだけでなく、それ以外の時間も開放してコーヒーを飲めるようにする。あるいはミーティングスペースを創る動きも、こうした流れの一つと言えるかもしれません。

決められた場所以外にこうした多様な場所が増えれば、それだけ働く人にとっては働きやすくなります。決められた場所を離れる仕組みは、職場のギスギスも間違いなく緩和させます。今後もこうしたオフィスの改造計画が進めば、職場のギスギスは徐々に解決されるのではないかと期待しているところです。

ただし、最近のオフィスで増えつつある完全自由なフリーアドレスは、かえって生産性が下がる場合もあるため注意が必要です。

三井デザインテックが心理学者でワーク・エンゲイジメントの専門家である島津明人さん（北里大学教授）、日本のクリエイティビティ研究の第一人者である稲水伸行さん（東京大学大学院准教授）と共にABWに関する調査研究を行いました。単純なフリーアドレスは、オフィス内で仕事内容に応じて適切な場所を選べず、自分の席が固定されていないため、ストレスが高まり、従来の固定席よりも仕事をするうえでマイナスの影響があると分かりました。[*13]

さらに個人だけでなく、チームワークにおいてもマイナスの影響が生じる可能性があります。テレワークが進めば、オフィスのスペースも全員出社が前提だった以前ほどの広さは不要になります。その意味ではフリーアドレスも時代の流れに沿っているのですが、チームワークが必要とされる仕事や職種において、なおかつメンバー同士の相互理解が十分にされていない状態においては、フリーアドレスのような環境はかえって生産性を下げかねません。

必要な時に必要な人や情報につながれる状態がなければ、チームとしてパフォーマンスを上げられないからです。

メンバーの専門性を理解し、問題が生じた時に誰に聞けば解決するのか分かっている、かつ必要なメンバーにすぐにつながれるチームは強い。一方、お互いの専門性を十分に理解せず、かつ誰が今、どこで働いているかがすぐに分からないチームは結束力もパフォーマンスも停滞しがちです。

たしかに誰がどこに座るかが固定された状態で、周りにいるのはいつものメンバーばかりのように景色が固定されすぎると、新しい発想も生まれにくくなります。その中にウマの合わない人がいると、精神的にもよくないし、職場の雰囲気もギスギスしてきます。

その意味では、固定席の他にフリースペースがあって、気分を変える場所があるのは精神的にも職場の環境としてもとても良いのですが、チームがまだ十分に熟成されていないうちは、時間を決めて決まった場所にいるようにするとか、テレワークでも誰がどこにいるかが分かり、すぐに連絡できる状態にしておくほうが良いと考えることができます。

職場の物理的な居心地の悪さは精神的にも、また仕事の効率面でも悪い影響を与えます。だからといって大企業のように最新のオフィスをつくるのは現実的ではないでしょう。それでも働く人たちが少しでも快適に過ごせるよう工夫はできます。

トイレや食堂が混むといった場合、少し時間をずらせば混雑は緩和できます。休憩室やトイレをほんの少しきれいにするだけでも、働く人たちの気持ちは随分と変わるものです。

職場の「暑い、寒い、暗い」や、仕事で使用しているパソコンの性能なども含め、こうした環境への投資はとかく後回しになりがちです。しかし実は、環境への投資は、それだけで社員のモチベーション低下を防ぐことができます。

テレワークの導入に際しても、しばしば日本の家の狭さが問題になりました。日本の住宅の場合、自分の部屋を持っている人はそれほど多くはありません。そのため、学校も休みになり、夫婦二人ともテレワークになった場合、狭いリビングにみんなが集まって仕事や勉強をするケースも少なくありませんでした。

これではＺｏｏｍで会議をするなど不可能ですし、集中して仕事ができません。そのような時、企業の中にはビジネスホテルの一室をサードプレイスとして利用できるようにしたり、あるいはカラオケボックスを使えるようにしたりなどの工夫をするところもありました。

こうした社員の実情に応じた対応ができる会社で働いている社員は「自分たちを大切にしてくれている」と感じます。これからの時代、社員の雇用形態も働き方も多様化していきますが、だからこそ従来の画一的なオフィス環境ではさまざまな問題も起きるし、対応できない課題も増えてくるはずです。

そしてそうした不満が職場のギスギスにつながっていくだけに、これからの企業は働く人や働き方に合わせた職場環境づくりを進めていかなければなりません。

第9節　まとめ

■職場の物理的な居心地の悪さは、精神的にも、また仕事の効率面でも悪い影響を与えるため、改善したほうがよい
■お金をかけた設備投資ができない場合でも、休憩時間をずらし食堂やトイレの混雑を緩和する、休憩室やトイレをほんの少しきれいするなど、工夫によって改善できる
■完全自由なフリーアドレスは、自分の席が固定されていないことでストレスが高まったり、チームのコミュニケーションにおいて障害になったりするため、かえって生産性が下がる場合がある

参考文献（第１章）

＊３ https://www.lmi.ne.jp/about/me/finding/detail.php?id=10

＊４ 職業性ストレスと組織的公正との関係 西田豊昭
http://elib.bliss.chubu.ac.jp/webopac/bdyview.do?bodyid=XC17000063&elmid=Body&fname=B01_031_125.pdf

＊５ HR総研：社内コミュニケーションに関するアンケート2021結果報告
https://hr-souken.jp/research/2571/

＊６ https://sangyoui-navi.jp/blog/142

＊７ 公正な職場は仕事の誇りと安全行動意思を高めるか：職業的自尊心—安全行動意思モデルと組織的公正、情緒的組織コミットメント　大谷華、芳賀繁
https://www.jstage.jst.go.jp/article/jaiop/31/1/31_19/_pdf/-char/ja

＊８ 内閣官房 成長戦略会議事務局、経済産業省 経済産業政策局「コロナ禍の経済への影響に関する基礎データ」
https://www.cas.go.jp/jp/seisaku/seicho/seichosenryakukaigi/dai7/siryou1.pdf

＊９ 株式会社パーソル総合研究所　第四回・新型コロナウイルス対策によるテレワークへの影響に関する緊急調査「総合分析偏」
https://rc.persol-group.co.jp/news/202101190001.html

＊10 株式会社パーソル総合研究所「テレワークによる組織の求心力への影響に関する調査結果」
https://rc.persol-group.co.jp/news/202012170001.html

＊11「DIAMOND ハーバード・ビジネスレビュー 2012年5月号」

＊12 株式会社パーソル総合研究所「はたらく人の幸せに関する調査結果」
https://rc.persol-group.co.jp/news/202106081000.html）

＊13 三井デザインテック株式会社、島津明人、稲水伸行「Activity Based Working（ABW）に関する調査研究」
https://digitalpr.jp/r/31521

第2章
スキル・メンタリティによるギスギス

第1節

スキルとキャリアによるギスギス①
組織は集団主義、行動は個人主義の日本

職場がギスギスする背景として、ここまで「環境」について見てきましたが、ここからは「スキル・メンタリティ」について見ていきます。

私自身は、日本の組織は評価や組織風土は集団主義、行動は個人主義であると捉えています。まずは、集団主義組織とは何なのか、から紐解いていきます。

集団主義的な職場のメリットとデメリットは次の通りです。

メリットの1つ目は、全員の合意形成がされやすい点です。

日本の企業は多様性に乏しい、同じ組織文化で育った人たちが集まっていますから、時間はかかったとしても全員の合意形成は比較的されやすいところがあります。

メリットの2つ目は、相互協力や育成を促しやすい点です。

日本の企業は今でも正社員として採用されれば長期雇用が前提となりますから、新入社員が配属された時、主任であるあなたが「2年かけて一人前に育てなさい」と言われても受け入れやすいし、評価もされやすいところがあります。

メリットの3つ目は、決められたプロセスを回すのには適している点です。

生産現場でものをつくるとか、間接部門などでも毎年決められた仕事をこなしていくといった決められたプロセスを、決められた通りに回すのには適しています。

メリットの4つ目は、中長期を見据えた行動が起こりやすい点です。

今でこそ日本の企業も雇用形態などが多様化していますが、基本的に新卒で入社して長期に雇用される正社員中心の組織では、採用された人は長くその会社にいることが前提です。そこでは中長期を見据えた行動が起こりやすく評価されやすいです（もっとも、最近は株主や投資家による圧力により、短期的な成果だけを求められる組織風土に陥りがちなきらいもありますが……）。

デメリットもあります。1つ目は、みんなで決めてみんなで守ることが前提になっているだけに、異論を唱える人や、逸脱した行動を取る人が悪者扱いされやすい点です。本来、異論のない議論は異論を見落としているわけですが、日本の組織においては「異論を唱える＝反対する」ととられ、建設的な議論が成り立たない傾向があります。

デメリットの２つ目は、意思決定に時間がかかる点です。本来、競争に勝つためには全会一致では遅すぎるわけですが、日本型の組織においては根回しのように関係するみんなの合意を得るために時間をかけるのでスピード感は損なわれます。

デメリットの３つ目は、個々人が組織に依存しやすい点です。終身雇用の形で定年までその会社で働くことや、そこで一歩ずつ出世することが前提ですから、上司に言われたこと、会社の指示に疑いなく従うようになり、自分の判断より組織の判断を優先しがちです。

デメリットの４つ目は、多様性が認められにくい点です。

デメリットの５つ目は、新たな発想やイノベーションが起こりにくい点です。集団主義の組織ではこれまでのやり方に固執する傾向が強く、新しいやり方への提案は過去の否定と捉えられ、反対され潰されがちです。

このような組織において評価されるのは、異動や転勤を含めて企業の言うことを都合よくきいてくれる人です。上司の指示の下、余計なことをせず従順に働いてくれる人たちです。たしかにそれはこれまでのビジネスモデルにおいては合理性があったわけですが、一つの仕事に専念するのではなく、3年とか5年の単位で本人の意志ではなく会社から指示されるままにいろいろな部署を経験しながら出世していく働き方を続ける場合、残念ながら個人として突出したキャリアを形成したり、圧倒的な成果を上げるのはかなり難しくなります。

たとえば、ビジネスパーソンが転職をして自らのキャリアを高めていこうとすれば、「私はこれだけのことをこの企業でやりました」のような一種の旗印が必要になります。しかし、集団主義的な職場ではそれは困難です。それどころか、自分のキャリアにつながらない仕事を我慢してやり続けてこそ企業から評価され、少しずつですが出世の階段を登っていくのが日本の集団主義的な職場と言えます。

「自分はこの企業で定年までがんばろう」と考える人にとってはある意味、居心地がいいわけですが、自分の専門性を高め、キャリアアップを図りたい人にとっては物足りない、不満の多い職場と感じられるのではないでしょうか。

集団主義的な職場と対照的なのが個人主義的な職場です。個人主義的な職場のメリットとデメリットは次の通りです。

メリットの1つ目は、職人的な組織に向いており、専門性を発揮しやすい点。

メリットの2つ目は、組織に依存しすぎない点です。基本的には専門性を持った人たちの集まりですから、大企業のように業務領域や守備範囲が細分化されている職場であれば、「ITエンジニアの自分がなぜ関係のない雑務をしなければならないんだ」といったフラストレーションは起こりにくいです。

メリットの3つ目は、短期的なパフォーマンスを発揮しやすい点です。専門性を持った人間がそれぞれ責任を持って仕事に取り組むだけに、短期的なパフォーマンスは非常に発揮しやすくなります。もし必要な人材がいれば、それは育てるのではなく外から連れてきます。

一方、デメリットの1つ目は、全員の合意形成が図りにくい点です。個々人が専門性を持つ職人的な集まりのため組織全体の目線がなく、合意が形成されにくいのです。

デメリットの2つ目は、相互に無関心になりやすい点です。自分のやっていることへの関心は強いのですが、他の人のやっていることや育成についての関心が薄くなります。
デメリットの3つ目は、中長期を見据えた行動は起こりにくい点。たとえば、3年かけて何かをしようとしても、3年先に自分がいるかどうか分からない以上、そこへの関心が薄れがちです。

このような組織においては、企業が3年先、5年先を見据えて何かをやろうとしても、そこで働いている人からすると、その間、自分が専門性を発揮できる本業が犠牲になるとしたらたまったものではありません。それをやったとして、何が自分の経験やキャリアにつながるのかと考えて、そのようなことに時間をかけるくらいなら他社に移る道を選ぶようになりがちです。

その意味では、日本の企業の終身雇用や長期雇用は、長いスパンでものを見るのには適しています。うまく機能すれば長期的な投資や、将来を見据えた人材育成などもやりやすいはずなのですが、日本の組織で働く人は「サイロ化」しやすい負の側面もあります。

サイロとは、家畜の飼料などの農産物を個別に貯蔵しておく大きな容器です。各サイロが独立して他の内容物と混ざらないようになっているのと同様、企業においても各部門が独立して業務が完結しがちで、縦割り組織となり、他の部門との連携がとれない状況を「サイロ化」と呼んでいます。

そこでは仕事は属人的になってしまい、ブラックボックス化します。第1章第5節で触れたように、日本の組織は「誰に何を聞けばいいのかが分からない」状態を作りがちです。その意味では、日本の組織は評価や組織風土は集団主義ですが、仕事のやり方や行動は個人主義的なところがあると考えています。

こう言うと、集団主義的な職場は長期的な取り組みができるのに対し、個人主義的な職場は長期的な取り組みができないように思いがちですが、そうではありません。たとえば、アマゾンやグーグルは個人の個性を大切にしながら、5年、10年先を見据えた取り組みを行い、日本企業には真似のできないイノベーションを起こし続けています。

現在では、本来は長期的な取り組みができるはずの日本企業が目先の利益を追うあまり短期的な動きしかできず、GAFAに代表されるアメリカの企業のほうが長期的な取り組みを続けています。たとえば、グーグルはプロジェクトを3つのグループに振り分けています。プロジェクトのほぼ70％はコアビジネスである検索と検索連動広告に関連するものですが、約20％は成功の兆しが見え始めた成長プロジェクト、残りの約10％は失敗のリスクは高いものの、成功すれば大きなリターンが見込めるまったく新しい取り組みです。

この「70対20対10のルール」は、同社のイノベーションを支えていると言っても良いでしょう。アマゾンの創業者ジェフ・ベゾスはこう言い切っています。

「5年、7年、10年と待つつもりで進めなければなりません。でも、10年待てる会社はなかなかないのです」

イノベーションには長い時間がかかります。当然、たくさんの失敗もあるわけですが、それも含めて長い時間をかけて辛抱強く取り組むこともできる企業だけがイノベーションを起こすことができます。反対に、それができない企業はいずれ神頼みをしなければならなくなるでしょう。

このようにアメリカのイノベーション企業は、短期間での成果やキャリアアップを求めるプレイヤーと、比較的長期でものを見ることのできる組織をマネジメントする人が分かれていることがあります。日本企業は集団主義の職場だけれども、アメリカの企業は個人主義の職場だよねと単純に決めつけられません。

アメリカにおいても組織をマネジメントするエグゼクティブ層は、その組織に比較的長くいる人たちが多く、5年先、10年先を見据えて、自分自身への育成投資と同時に企業運営を行っていますし、それが自分たちのキャリア形成につながると本人たちもよく理解しています。

そして、それがアメリカ企業の強さにもつながっています。

このあたりをしっかり理解しないままに、「集団主義型の職場」か「個人主義型の職場」か、の二者択一で考えてしまうと、大きな間違いを犯すことになります。働いている社員も不幸になるだけです。企業の競争力も高めながら、働く一人ひとりのスキルアップ、キャリアアップが実現できる。それができないままに従来のビジネスモデルに固執してしまうと、働く人は不満を抱き、職場もギスギスするのです。

第1節　まとめ

■日本の組織は評価や組織風土は集団主義、仕事は個人主義
■「集団主義的な職場は長期的な取り組みができ、個人主義的な職場は長期的な取り組みができない」は間違い
■グーグルはプロジェクトを「70対20対10」に振り分け、短期的にも長期的にも取り組める仕組みになっている
■「日本企業は集団主義の職場、アメリカの企業は個人主義の職場」は間違い
■集団主義型の職場と個人主義型の職場かの二者択一で考えていては企業の競争力が失われる

第2節

スキルとキャリアによるギスギス②
雑用が多くてスキルが伸びない

前節のスキルアップやキャリアアップとも関連しますが、最近の若手社員の意識変化を端的に表したデータがあります。

パーソル総合研究所がアジア太平洋地域14の国と地域の主要都市で働く人の意識などについて調査したところ、日本は「管理職になりたい人」が全体の21・4％で、調査対象の中で最下位でした。[*14]

役職への興味も低いようです。日本生産性本部が新入社員を対象に調査を行ったところ、「どのポストまで昇進したいか」を問う答えのトップは17・3％の「専門職（スペシャリスト）」でした。

そして第2位が16・0％の「どうでもよい」ですから、日本の企業においてはもはや出世の魅力は低くなりつつあると考えたほうがよさそうです。

さらに「若いうちは自ら進んで苦労するぐらいの気持ちがなくてはならないと思いますか。それとも何も好き好んで苦労することはないと思いますか」を問う設問への答えは「何も好んで苦労することはない」が37・3％と、過去最高を更新しています。

今の若手社員にとって働く目的は、「楽しい生活をしたい」（39・6％）からであり、会社を選択した理由も「能力・個性を活かせる」（29・6％）からです。ただし、人並み以上に働きたいとは考えておらず、かつて企業に就職すれば当たり前と考えられた「苦労」などしたくもない本音が垣間見えます。

「若い時の苦労は買ってでもしろ」なる格言があります。若手社員の多くは当然、勉強をがんばった時期や、スポーツなどに励んだ時期もあるだけに、成果を上げるための日々の苦労や努力の大切さは分かっているでしょう。それでも「何も好んで苦労することはない」なる答えが多いのは、日本の職場における苦労の中身に問題があるのではないでしょうか。

海外かつ合理的な企業では、自部署あるいは自分自身の得意でない分野の仕事は、あっさりと他の専門の部署に任せるか、外注をします。

しかし、日本の職場ではそういうわけにもいかず、自分たちでできることはできるだけ自分たちでやろうとします。その結果、何でも屋になる傾向があるのです。

たとえば、ＩＴのエンジニアなのに、報告書をつくるだけでなく、その報告書を印刷製本するために半日をとられる。

たとえば、情報システム部門のＳＥとして入社したはずなのに、調整ごとや会議運営、報告資料の体裁を整える作業やらで忙殺される。

たとえば、マネージャーとして部下の指導だけでも手一杯なのに、職場にあるすべてのＵＳＢメモリの型番や用途を調べるように命じられ、本業で成果を出す前向きな仕事に取り組む時間がほとんどなくなった……。

私自身、こうした雑用に追われていた時、スウェーデンの取引先の担当者からこう質問されたことがあります。

「なんで、そんな仕事までＹｏｕがやっているの？」

海外の企業では、人を雇うことはその人が持っている専門性を買うことであり、求められるのはその専門性を活かして成果を上げることだと考えています。前述のような専門以外の仕事をやるように指示されることはありません。仮に「これをやるように」と指示されたら、「それは自分の仕事ではない」と拒否するはずです。

しかし、日本の企業の場合は、「働く人の時間を買う」感覚が強いうえに、「会社の言うことは絶対」です。指示された仕事が自分の不得意なものであろうが、専門外であろうが、やれと言われたらつべこべ言わずにやるのです。

他にも上司に付き合って残業をしたり、上司や同僚のミスのしりぬぐいをしたり、あるいは上司や同僚と一緒にお酒を飲むのも仕事のうちであるのが日本の職場の考え方です。これらを含めて苦労と呼び、そのような苦労を経て初めて日本の職場では評価され、出世につながるのです。

たしかに、このような苦労ならしたくないと考えるのも無理ありません。

しかも、これほどに専門外の雑用が多くては、成長したいと考えているにもかかわらず、プロがプロとして成長できない職場になってしまいます。それどころかプロとしての能力を低下させ、誇れるキャリアを築けないわけですから、プロ意識が高い人ほどこうした職場にはイライラしますし、職場がギスギスします。

さらに、介在会社が余計な仕事を増やします。

たとえば、イベントの企画会社が出演者にイベント出演への依頼をしたとします。出演者はどこの会社の案件かを知りたいわけですが、なぜか企画会社は客先に忖度して名前を出そうとはしません。

出演者は「それでは出るかどうか返事ができない」となり、ムダなコミュニケーションが増えたり、仕事先との信頼関係まで悪化したりします。

似たようなストレスは、請負型のＩＴ企業の職場でもよく発生しています。間に入っている会社がお客さまにいい顔をしたいのか、実際には望んでもいない報告書の作成を依頼するなど、とにかく余計な仕事を増やすのです。

このように介在会社が入るケースでも入らない職場でもそうですが、日本の職場ではムダな仕事が多すぎるきらいがあります。

随分と昔のことですが、パナソニックの創業者・松下幸之助さんが、本社が営業所や事業所から上げさせる報告書の数の多さに驚いて、こう提案したそうです。

「明日、会社が潰れると困るから、明日潰れることに関係のあるものだけは残すけれども、それ以外は全部やめてしまってはどうか」

すると、報告書は6分の1にまで減ったといいます。今も似たようなことが日本の職場では繰り返されているのではないでしょうか。私たちが仕事と思って、またはそう言われてやっているものの中にはたくさんのムダがあります。あるいは、必要なものだとしても、それをあなたが本当にやる必要があるのでしょうか。

こう考えてみると、日本の職場は事務作業や調整などの間接業務が悪気なくあふれています。それが、プロがプロの仕事に集中できない環境をつくっていたり、押しつけ合いが起こって職場の人間関係をギスギスさせたり、最後には管理職が引き取らざるを得なくなる状況をつくり出しています。その結果、本業に集中できる外資系企業に人材が流出する、誰も管理職になりたがらなくなる負のスパイラルを生んでしまっているのではないでしょうか。

「事務作業や間接業務を撲滅する」

このくらいの気持ちで仕事を洗い出し、「なくせるもの」「減らせるもの」「自動化できるもの」「専門家に任せられるもの」を分類する。そのような仕分けとスリム化に本気で着手してほしいと思います。チーム単位でスリム化できるものはとっととスリム化する。関係部署や、人事や総務や経理など管理部門の協力が必要なものは巻き込んで解決する。時には、監査法人や税理士などと正しく揉めて、正しく事務作業や間接業務をラクにしていく。そうでもしないと、この国は事務作業や間接業務が足枷となって衰退します。

以下は削減、スリム化、自動化の余地がある仕事の代表例です。

- 事務作業
- 毎回対面を求める会議
- 印刷、押印、手書き、郵送などを求める手続き
- 報告業務
- ダブルチェック、トリプルチェック
- 電話対応／テレアポ業務
- 日程調整
- FAXでしか受け付けない受発注業務や申請業務
- 業界やその企業独自の業務プロセス
- PPAP（添付ファイルzip形式圧縮＋パスワード別メール送付）

正しく向き合い、疑ってみてください。そして、なくせるものはなくしていってください。

世の中には「仕事に雑用はない」「小さな仕事、ムダに思える仕事ほど丁寧に」なる考え方もあります。それでも専門外の仕事があまりに多すぎると、成果を上げる妨げになりますし、働く人がスキルを磨く機会を奪います。「仕事に雑用はない」としても、「やらなくてもいい仕事」があるのは事実です。意味のない仕事をいくら上手にやっても、それは何の価値もないのです。本来優秀な人材が、確認業務やルーチン業務で気力と体力とモチベーションを奪われる景色は切ないものです。

「大丈夫です。私はルーチン業務が苦にならないですから」
「私は、押印も郵送もイラっとしないので問題ないです」

果たしてそうでしょうか？　あなたや今の担当者は苦でなくても、引き継いだ別の担当者にとっては辛いかもしれません。また、取引先などの相手が苦労している可能性もあります。何より、事務作業や間接業務を温存してしまっていては組織全体の業務効率も生産性も上がりません。そのような仕事はなくすか、機械にやらせるのが健全でしょう。人間が人間らしい仕事にシフトする。プロがプロとして働くことができる環境をつくる。職場のギスギスを解消するうえでもきわめて大切です。

第2節　まとめ

■海外の先進企業は、自部署や自分自身の得意でない仕事はあっさりと他の専門の部署に任せるか外注をするが、日本ではすべて自分たちでやろうとする傾向がある
■専門外の雑用が多いと、プロがプロとして成長できない職場になってしまう
■日本の職場はムダな事務作業や間接業務が多すぎる
■まずは削減、自動化、スリム化、外注化の余地がある業務を探すことから始めてみる
■管理部門の協力が必要なものは巻き込んで解決すると、より正しく、事務作業や間接業務をスリム化できる

第3節

スキルとキャリアによるギスギス③ 日本特有の採用ミスマッチ

採用のミスマッチも職場のギスギスを生みます。「入社してみたら何かが違った」「人事から聞いていた話と違う」「期待外れの人だった」……。入社する側、受け入れる側双方の景色のズレは尾を引くことも。新入社員が入社後から徐々に辞めていき、3年以内に3割の社員が辞めてしまいます。何も日本人の新卒者に限ったことではなく、中途採用や外国籍の社員の入社後の離職率の高さが常態化している組織もあります。

せっかく入社した人が次々と辞めていけば職場がギスギスするのは当然です。なぜ手間とコストをかけて採用したにもかかわらず、多くの人が離職していくのでしょうか？

これには3つの背景が考えられます。

背景1　新卒一括採用

日本の企業の多くは新卒者の一括採用を行っており、就職活動シーズンの限られた時期に採用計画に則ってまとまった数の学生を採用する大量採用モデルを軸にしています。

新型コロナウイルスの感染拡大によって、最近ではオンラインでの説明会や面接も増えていますが、それ以前は大きな会場に多くの学生を入れて企業説明会を行い、面接に関しても複数人の学生を同時に面接する集団面接を中心にして採用を行っていました。

人気企業ともなると応募者の数は膨大で、大量のエントリーシートが学生から送られてきます。採用人数は景気の影響を受けるため、一概には言えませんが、日本がバブル景気に沸いていた頃には大企業なら数百名の新卒者を採用していましたし、中堅企業でも将来の成長のためにと数十名、なかには100名を超える新卒者を採用する企業もあります。

企業の人事部に求められるのは、採用計画通りの人数を採用し、より多くの上位校学生に入社してもらうことです。「当社に相応しい学生がいないので今年は採用人数を減らします」は通用しません。そのため、企業の中には人数合わせの採用を行うところもありました。

こうした活動も時代と共に変化してきたわけですが、今でも人事部主導の大量採用を行っている企業は少なくありません。こうしたやり方を続ける限り、一人ひとりの候補者を見極めるために時間とコストをかけることはできません。どうしても選考は雑になり、結果的に自社に合わない人や不活性な人、組織に悪影響をもたらす人を採用するリスクがつきまといます。

本来、企業の文化や組織風土を守るためには、採用はもっと慎重である必要があります。採用方法が違うとはいえ、GAFAなどが創業の早い時期から優秀な人材、自社に合う人材の採用にこだわっていたのは、できない人材を採用してしまうと組織内の「生産性の低下」が起こり、自社に合わない人を採用すると「価値観が壊される」からです。一方、日本の企業の場合、そこまで採用に神経を使うことはなく、相変わらずの新卒一括採用を続けていることで採用のミスマッチが起きているのです。

背景2　入ってみなければ分からない仕組み

私が働いていた大企業でも起きていましたが、外国籍の社員を期待して採用したにもかかわらず、4割近くが早期に退社しています。海外からわざわざ日本を選んで日本の大学に入り、日本の企業を選んだにもかかわらず、自分の専門性とは関係ない部署に配属になり、「ここでは自分のスキルやキャリアをアップできない」と判断して退社するのです。

これは日本人の新卒社員でもしばしば起こります。応募にあたりエントリーシートを提出し、面接でも「自分はこういう仕事をやりたい。こういう部署で活躍したい」と希望して入社します。しかし、その希望はかなえられず、思いもしなかった部署に配属され、考えてもいなかった仕事をさせられます。

日本の企業の多くは数年単位でジョブローテーションを行っています。それぞれの部署に数年いて、10年、20年かけて一通りの仕事を経験します。たしかに終身雇用の時代であれば、最初は意に染まない仕事であっても、そこで経験を積み、実績を上げればやがては自分が希望していた部署や仕事に就くことができます。しかし、今の学生はいち早くプロとして成長し、経験値を増やしたいと思っている可能性が高い。このような入ってみなければ分からない仕組みでは短期間で退職する人が増えるのも当然なのです。

東大生の就職先ランキングにそうした学生の志向の変化が表れています。教育情報を提供する大学通信の調べによると、1989年の東大生の就職先ランキングの1位はNTTで、以下、第一勧業銀行、日本興業銀行、三菱銀行と金融機関がずらりと並び、通商産業省などの官公庁も顔を出しています。

日本がバブル景気に沸いた最後の年のデータですが、当時の大企業が上位を占めています。しかし、それから約30年後の2018年の調査では外資系コンサルティング会社のアクセンチュアがトヨタ自動車を抑えて1位となり、他にもマッキンゼー・アンド・カンパニーやボストンコンサルティンググループなどがランクインしています。外資系ではありませんが同じコンサルティング会社の野村総合研究所も3位に入っていますから、東大生にとってコンサル人気はとても高いと分かります。[*15]

理由ははっきりしています。外資系コンサルの場合、1~5年目の早い段階で企業の経営陣や経営企画室の人たちを相手にさまざまな経験を積むことができます。また、ロジカルな考え方も身につけられるなど、東大生が就職先に望む「スキル・経験を積む」ニーズにぴったりな職場なのです。

組織論の権威の中原淳さん（立教大学教授）が『転職学』（KADOKAWA）の中で、「エンプロイアビリティ（転職力）」について書かれています。

中原さんによると「転職力」には2つあり、一つは個人が持つ知識や具体的なスキル、資格などで、これが「ステータスとしてのエンプロイアビリティ」。もう一つは個人の持つ知識やスキルを転職プロセスの中で伝えていく職務経歴書の書き方や、自己PRのやり方、面接での振る舞いを指し、「アクションとしてのエンプロイアビリティ」がこれに該当します。

希望の会社に入るための「転職力」を高めていくにはこの2つが必要です。そのためには、新卒で入社した会社で自分のスキルやキャリアにつながらないような仕事を何年も我慢して続ける暇などないのです。

「入社したら何か違った」と感じたとしても、「今は辛抱だ」などとかつての石の上にも三年的な我慢を今の若い社員に求めるのは、前時代的な企業制度と古い仕事観に基づいた一方的な要求と言わざるを得ません。

人生100年時代ともなると、一つの企業だけで人生を終える人は稀有でしょう。企業の寿命が30年とすれば、たいていの人のビジネス人生はそれよりも長いわけです。好むと好まざるとにかかわらず、人はいくつかの企業で働くことになります。だとすると、エンプロイアビリティが低いのは、それだけで人生のリスクとなるわけです。そのためスキル・経験を積める企業を選ぶのは当然ですし、もしそれができないと分かれば、できるだけ早い時期に転職を考えるのは至極真っ当なことではないでしょうか。

「入社したら何か違った」となるのは、希望の職種に就けないケースだけではありません。入社したところ、そこで働いている人たちとの相性が悪かったり、空気あるいは社風が自分に合わない場合もあるでしょう。

これは採用側の問題が大きいです。グーグルが採用にあたり何回もの面接を行い、飛行機テストと呼ばれる一種の相性テストを行っていたのはよく知られています。それぞれの企業には社風や価値観、相性があり、いくら学校の成績が優秀でも、あるいは以前の企業での成果が素晴らしいものであっても、その企業の社風や価値観と相性が合わないとチームとして機能しなくなりますし、成果も上がらなくなるからです。

にもかかわらず、日本の企業の場合、人事部が中心となって面接が進むため、入社後に一緒に働く現場の仲間とのコンタクトがなく、応募する側も採用する側も入社するその日あるいは直前まで誰と働くのかがまったく分かりません。その結果、入社後に「何か違う」ズレが起こるのです。

これは採用した側にとっても、入社した側にとっても不幸です。入社した人は職場に馴染めずにギスギスし、受け入れた側も期待とのズレにイライラし、早期に退社するとここでも職場がギスギスします。

背景3　会社が応募者に対してきちんと情報を出していない

応募者に対して、就業規則や就業実態などを公開している企業がどれだけあるでしょうか？

最近でこそ変わってきましたが、以前は新卒採用の企業説明会などで、給与や休暇、残業時間や福利厚生などの質問はタブー。人事担当者に良い印象を与えないと言われていました。

これらは本来なら働く人にとって最も大切です。決して隠してはいけないものであるにもかかわらず、企業はこれらを曖昧にしたまま自社の成長性ややりがいについて一方的に話をするケースが目立ちます。

こうしたいくつものズレが積み重なって生じるのが「リアリティ・ショック」です。

パーソル総合研究所の調査によると、就職活動生の多くは働くことを「楽しみたい（79・3％）」「仕事を通じて成長したい（86・2％）」と考えているにもかかわらず、実際に働くことを楽しめている社会人（入社1～3年目）は35・3％と、実に44ポイントものギャップがあります。同様に「仕事を通じて成長したい」についても、成長を実感できている社会人は64・6％に留まっています。

このような入社前に感じていたものと、入社後に感じるもののイメージギャップを「リアリティ・ショック」といいますが、実際にリアリティ・ショックを感じている社会人は76・6％にも及んでいます。

具体的には、「給料・報酬」「昇進・昇格のスピード」「仕事で与えられる裁量の程度」「仕事から得られる達成感」などが高くなっています。

これらの人たちも、内定を得た時点では7割を超える満足度を感じています。自分の選択そのものが後悔だらけであったわけではありません。しっかりと就職活動を行った結果として、ある程度は満足のいく企業から内定を得ているわけです。ところが、いざ実際に入社してみると当初のイメージと入社後のイメージが大きく違っていることでリアリティ・ショックを受け、その結果として自分がいる会社への満足度は下がり、それが3年以内の早期退職につながっているのです。

では、こうしたリアリティ・ショックを防ぐには何が必要なのでしょうか。同じくパーソル研究所の調査によると、就職活動中に「多くの人の意見を聞くほうがよい」との意識で行動した学生と、「就活中は重要な人だけの話を聞けばいい」といった意識で行動した学生とを比較すると、後者に比べて前者のほうが、リアリティ・ショックが低い結果が出ています。「多くの人」がどのレベルを指すかは分かりませんが、親やOB、OG、志望企業の社員、就職部の職員や教授など、なるべく多くの人の意見を聞き、その企業について少しでも深く知っておいたほうが、入社後のリアリティ・ショックを低く抑えられるのはたしかなようです。[*16]

以上、採用のミスマッチが起こる3つの背景を見てきました。どれほど採用に時間をかけたとしても、ある程度のミスマッチが起きるのはやむを得ません。もちろんこれら3つに気を配れば、「入社したら何か違った」と感じる人の割合は相当減らすことができますが、それでもミスマッチが生じる場合に求められるのが人事異動です。

株式会社アッテルが人事・採用担当者300人にインターネット調査を行ったところ、異動・配置の目的は「各個人の能力を引き出すため」が52・7%、「部署のニーズに人材の能力をマッチングさせるため」が45・7%、「上長・チームと個人の相性を最適化させるため」が29・7%となっていますが、一方で「他部署の配置転換のリソース調整のため」や「機械的なローテーション」などの理由もみられました。

では、こうした異動や配置にあたってデータに基づく客観的、最適な異動・配置ができているかというと、「できている」と回答したのは33・3%にすぎず、多くの企業は「できていない」と答えていました。[*17]

日本の企業の場合、「会社の言うことには逆らえない」と思い込んでいる人が少なくありません。たとえば、入社時に「全国転勤が可能かどうか」を聞かれ、サインさせられる場合もあります。そして、辞令一本で異動や転勤が言い渡され、基本的に社員に拒否権はありません。転勤は、家族の人生をも左右する重大な問題にもかかわらず、辞令が出ればごく短期間で転勤をすることになります。

これではますます企業の指示に従順な社員をつくるだけです。ミスマッチを解消するのではなく、どんな理不尽にも耐える意味でのミスマッチさえも甘んじて受け入れるやり方です。

エンプロイアビリティを高めたいと考えている社員は企業から離れ、そうではない人たちだけが残ります。

企業でチームが成果を上げるうえで、最も大切なものの一つは「心理的安全性」です。それはギスギスした職場とは正反対のものです。「私はこの仲間と一緒に働きたい、私はここにいていいんだ」。このような心理的安全性があってこそ人はみんなで知恵を出し合い、みんなで協力することで困難な課題にも立ち向かっていけるのです。

だからこそ、採用は重要なのです。採用ミスマッチはその人を不幸にするだけでなく、一緒に働く人たちも不幸にします。なぜ採用ミスマッチが起こるのか、その背景や要因を分析し、常により良い採用のやり方を追い求め、改善し続けるしかないでしょう。

- 職種別採用を行う。ジョブ（職務内容）や期待役割を明確にし、少なくとも最初の配属は応募者とミスマッチがないようにする
- 入社後1~3カ月程度のオンボーディング（新たに参画する人の定着と戦力化を支援する仕組み）計画を立て、新入社員が組織に馴染めるようサポートする
- 受け入れる側のスキルアップ（傾聴力、育成スキル、業務設計スキルなど）に投資をする
- 新入社員にメンターをつける（社外メンターも要検討）
- インターンシップや中途採用者向けの職場体験を行う
- 会社見学を受け入れる。面接時に職場を案内する

・内定者と人事担当者のSNSグループを作り、入社前のコミュニケーションを行う
・職場の様子をブログで発信する
・人事規程類をインターネットで公開する

このようなやり方で、入社前後のギャップ解消に取り組む企業もあります。オープンなコミュニケーションとコラボレーションが求められる時代だからこそ、採用活動もオープンに進化していきたいものです。

第3節　まとめ

■「新卒一括採用」「入ってみないと分からない仕組み」「会社が就業規則や就業実態などを開示していない」などが採用のミスマッチを生む
■リアリティ・ショックを感じている社会人は76・6%にも及ぶ
■ミスマッチはその人を不幸にするだけでなく、一緒に働く人たちも不幸にする
■ミスマッチが生じた時に有効なはずの異動だが、データに基づく客観的、最適な異動・配置ができている企業は3割程度しかない

■個人は、ミスマッチが起こる背景を踏まえ、気を配ることでミスマッチを減らせる。就職活動時、多くの人の意見を聞くようにするのも効果的

■企業は、入社前後のミスマッチを減らすための取り組みが必要

第4節

スキルとキャリアによるギスギス④
待遇で区別される非正規社員、働かなくても大丈夫な正社員

正社員と非正規社員の待遇格差も、職場の空気をギスギスさせることがあります。既に触れましたが、かつての日本の職場は新卒で入社した男性正社員が大半を占めており、上司も先輩も後輩もすべて正社員かつ男性のような職場も少なくありませんでした。今なお、ダイバーシティ推進をうたいながら、役員一覧を見るとスーツとネクタイを纏った高齢の男性しかいない。そのような矛盾を感じさせる企業も珍しくありません。

しかし、現在の職場は人材の多様化が進んでいます。男性も女性も、正社員の人もいれば、契約社員や派遣社員の人もいます。働く人たちのライフステージもさまざま。育児しながら、介護しながら、資格取得の勉強をしながら、大学院に通いながら……。仕事以外の顔を持ちながら働く人も増えています。年上部下や再雇用の人もいます。外国籍の人もいれば、新卒プロパーや中途採用の人もいます。

多様なメンバー同士がつながって成果を出す。これからの時代に求められる組織のスキルであり、個人のスキルなのです。

そう考えると、組織内に存在する格差は足かせでしかありません。

テレワークに関して正社員はテレワークができるのに、非正規社員にはテレワークを認めず、強制的に出社させられる。あるいは、社員食堂などの福利厚生は正社員が前提。非正規社員は食堂を利用することができず、かつオフィスは飲食禁止。会社の外に出て公園などでお弁当を食べるしかない。そのような切ない光景を私自身も目にしたことがあります。

ある企業の工場の塗装部門の話です。派遣社員の人たちが、塗装で制服が汚れるにもかかわらず支給される枚数が限定されており、「汚れた制服で食堂に行くとみんなに迷惑をかけるから」と工場の片隅で食事をしていました。

それを見た工場の責任者が制服を多めに支給するように総務に相談したところ、「規則でできません」と断られたそうです。その規則は単に会社が決めたルールに過ぎません。そこで、責任者はルールを変更、制服を多めに支給して小まめに着替えられるようにするだけでなく、塗料が飛び散らないように機械の改善をしたそうです。

私はこの工場の責任者の行動は大変すばらしいと思います。規則などを盾に「できません」と言うのは簡単です。しかし、規則もルールも悪気なく時代の変化にそぐわないものになりがち、陳腐化しがちです。陳腐化した規則やルールは、組織と人の活力を奪う邪魔物でしかありません。

多様な人材のコラボレーションが求められ、さまざまな雇用形態の人でチームを組みパフォーマンスを発揮する時代、余計な区別はチームの一体感や帰属意識、忠誠心を不必要に下げます。

かつてある企業の工場で、チームリーダーが品質の大切さをメンバーに説いたところ、一人の契約社員が「どうしてそんなに一生懸命になるんですか?」と疑問を口にしました。チームリーダーにとっては良いものをつくるのは絶対的なことでしたが、短期間の契約で働く人から見ると、言われたことはやるけれども、「より良く」には関心がなかったのです。

他にも雇用形態によって、たとえば正社員は広いデスクと座り心地のいい椅子、最新のパソコンが与えられているのに、非正規社員は粗末なパソコンと狭いデスクしか与えられていなかったらどう感じるでしょうか。これではチームのリーダーがいくら一体感を強調しても、その言葉を信じることはできません。

こうした正社員と非正規社員の格差は同じチームに溝を生みます。同じチームでありながら、非正規の人はテレワークができず、出社しているとなると、リーダーも出社せざるを得ない場合もあるでしょう。社員食堂がカフェ化されてチームみんなで食事をしながら打ち合わせをしようとしたところ、正社員しか利用できませんと言われて断念することもあり得ます。

これでは非正規社員も嫌になりますし、正社員もコミュニケーションをとりにくくなり、みんなが働きづらくなってしまいます。

職場の雰囲気がギスギスしてしまうのはいただけません。リーダーやメンバーの強いチームをつくろうとするせっかくの努力に水を差してしまいます。

とはいえ、正社員と非規正社員の格差は一朝一夕で解消するものではありません。人事制度や社内規定はすぐに変えられないからです。では、私たちはこの格差にどう向き合えばよいでしょうか？　皆さんの半径５ｍ以内から、すなわちチーム内でできる格差解消もたくさんあります。

- チームの情報共有は一斉かつ同時に行う
- 学習機会、育成機会は公平に提供する
- 一緒に食事をする

ビジョン、ミッション、そのチームで大切にしていること、重要な意思決定、方針変更など、チーム全体あるいは日々の仕事に関わる情報はなるべく一斉かつ同時に行うようにします。情報の格差は組織の仕事に対する温度差を生みます。「自分だけ聞かされていない」「人づてで後から聞いた」となればその人のエンゲージメントも一体感も下げます。

とりわけ重要な情報は、朝礼やチームミーティングなど全員が集まる場、ITツール（グループウェア、ビジネスチャットなど）を用い一斉かつ同時に共有する。それだけで情報格差や情報に対する不公平感も解消されます。

かつて私が勤めていたIT企業でも、一体感とトラブルなど何かあった時の対応力が強いチームは、リーダーが社員も派遣社員も協力会社のスタッフも分け隔てなく接していました。

「社員限り」の秘匿性の高い情報を除いて、基本的に情報は一斉共有。タスク管理や進捗管理も同じITツールを使って全員が見られるようにしていました。ランチは部内の空き会議室やオープンスペースで、お弁当を持ち寄り雑談しながら。チーム内の勉強会は、自由参加型で派遣社員も協力会社の人の姿もありました。

「この職場では、自分が成長できる」
「このリーダーの下で、良い仕事ができる」
「(リーダーは)立場ではなく、その人の能力や意欲を見てくれる。清々しいし、自分もこういうリーダーになりたい」

派遣社員や協力会社スタッフの反応はもちろん、正社員からも好評でした。

- 格差を言語化する
- 正しく声をあげる。人事部門、総務部門などに掛け合う

前述の工場の責任者のように、正社員と非正規社員のあいだに溝をつくっている制度上の

格差は正しく指摘し、是正を促していきましょう。最初は一人の小さな声かもしれません。しかし、その声が大きくなればやがて社内世論になります。一体感が失われる職場環境、それを生むムダな（あるいは悪気ない）格差。その格差は、リーダーのあなたにとっても望ましくないはずです。とはいえ、守りの意識が強い人事部門や総務部門ほど、自ら格差を是正したり、格差のおかしさそのものに気づかないもの。現場の人たちが「おかしい」と声をあげ、制度を司る組織と掛け合う。そんなアップデートを期待します。

チームリーダーは、いわばそのチームの経営者です。時代の変化や環境の変化に合わせて、自分のチーム内でなくせる格差はとっととなくす。全社の制度やルールが生んでいる格差は、交渉して解消に向けた働きかけをする。チームの経営者にはその責任があります。今までの制度やルールありきではなく、円滑なチーム運営を目指し闘ってください。

今の時代、正社員だけで成り立つ組織、あるいは成り立つ仕事は限られています。それより派遣社員も契約社員もフリーランスも、そして時短でしか働けない人も、みんなが同じビジョンを持ち、同じゴールを目指してできるだけ垣根なくつながってコラボレーションできる職場環境を創りましょう。

大丈夫、あなたの現場は間違いなくもっと強くなります。

第4節　まとめ

■正社員と非正規社員の待遇格差が、職場のギスギスを生む

■人事制度や社内規定はすぐに変えられるものではない。まず、情報共有は格差なく行う、学習機会や育成機会は公平に提供するなどチーム内でできる格差解消から取り組む

■格差を言語化する、人事部門や総務部門に掛け合うなど、声をあげることも大切

第5節

メンタリティによるギスギス①
新しいことへの挑戦を阻む5教科主義と減点評価主義

働く人たちのメンタリティも、職場の組織風土を良くも悪くもギスギスさせます。失敗を恐れず挑戦するのは、ビジネスを成功に導くうえで欠かせない考え方です。しかし、現実のビジネスの現場では失敗を恐れないどころか、ちょっとした失敗さえも許容できない雰囲気もあります。

企業のトップや管理職の中にも「失敗を恐れず果敢に挑戦しろ」と若手社員に檄を飛ばす人がいます。では、その言葉を真に受けて挑戦して失敗した場合、その若手社員はどうなるのでしょうか？　挫折感を与えないようにさらなる挑戦を促すのか、それとも二度とチャンスが与えられないのでしょうか？

グーグルの元CEOのエリック・シュミットはこう語っています。

「失敗した人間を称賛する必要はないが、彼らがどのように処遇されるかはみんなが見ている」

失敗した人間が厳しく叱責されたり、どこかに異動させられたりするのを日にした人たちは、決して挑戦しようとはしなくなるのです。

日本の企業は失敗に寛容とは言えません。デル・テクノロジーズが2021年1月に発表した「デジタルトランスフォーメーション（DX）動向調査」によると、「失敗を恐れない文化がある」と回答した企業は全体の9・9%しかなかったといいます。この数字は「ちょっとした失敗さえも避けたい」日本企業の空気感をとてもよく表しています。[*18]

それにしても、なぜこれほどに日本企業は失敗を恐れるのでしょうか？

その理由の一つが、日本が「5教科主義」であり、「減点評価主義」であることです。最近でこそ大学の入学試験も随分と多様化してきましたが、以前は5教科満遍なくできる人が国立大学を受験して、たとえば数学や理科、社会が苦手な人が3教科で受験できる私立大学を受ける傾向がありました。

そして、学校現場にも受験生にも5教科満遍なくできるほうが優秀とされていました。学校での評価は5教科以外にも音楽や美術、体育なども含めてさらに多くの教科で行われます。

そこでは算数や数学で天才的な能力を発揮する子どもであっても、国語がひどく苦手だったり、音楽がまるでダメとなるとマイナス評価になり、突出したものはないけれども、どの教科もそれなりに満遍なくできる子どものほうが高く評価されます。こうした評価制度の下では数学の天才はその天才性を高く評価されるのではなく、国語や音楽が苦手なことを指摘されます。

ピーター・ドラッカーが指摘しているように、「人が成果を上げるのは強みによってである」にもかかわらず、日本の学校制度や企業は「強みはないけれども弱みもない」平凡な優等生を高く評価し、天才に対しては長所を伸ばすのではなく欠点を改善するように迫るのです。こうしたいろいろなことをそつなくこなすことを良しとする文化が、できることよりもできないことに目を向ける減点評価主義につながり、失敗を許さない風土を生み出しているのです。

ある大手金融機関の働き方改革チームに招かれ、改革の進め方について悩みを聞いたことがあります。私が「大手金融機関さんだと、改革は大変ですよね。チャレンジして失敗すると出向、転籍になる文化ですからね」と指摘したところ、「その通りなんです。当行は失敗すると人事評価に×がつくので、誰もチャレンジしようとはしないんです」と返されました。

改革も新製品開発も最初から成功が約束されているわけではありません。もし成功が約束されているとすれば、それは挑戦と呼べませんが、挑戦した結果が失敗だとしてもそこでやめてしまってはその先に何も生まれません。

本来なら挑戦して期待通りの成果が出なかったとしても、踏み出す方向さえ間違っていなければ、なぜうまくいかなかったのか、その原因を調べてさらなる挑戦をすればよいはずです。ところが、日本の政府や大企業には「無謬性の原則」なる厄介な考え方が存在しています。「無謬性の原則」とは、ある政策やプロジェクトを成功させる責任を負った当事者の組織は、その政策やプロジェクトが失敗した時を想定したり、議論したりしてはいけないとする何とも厄介な信念です。

新型コロナウイルスの感染対策にしても、東京オリンピック・パラリンピックにしても、たとえば「A案がダメならB案、B案もダメならC案」とうまくいかないケースを想定しながらさまざまな案を考えるのが本来のやり方です。しかし、なぜか日本の組織では「A案がうまくいかなかったらどうするか」についての議論が許されない雰囲気があるため、失敗した時に傍から見るとドタバタになるのです。

こうした風土や文化があると、若手社員が新しい何かに挑戦しようとしても、上からは「失敗したらどう責任をとるつもりだ」「余計なことをするな」とプレッシャーがかかります。これではどうしても挑戦できない、失敗できない雰囲気になってしまいます。やる気のある人間ほど挫折感を感じ、職場も守り主体の沈滞したものにならざるを得ません。

トヨタ自動車は年間に何十万件もの改善提案を実行します。なぜこれほどの改善ができるのか？　それは何も変えなければ3年で潰れると強烈な危機感を持ち、変えることを日常にしているからです。

改善は変えることです。当然、うまくいかないこともありますが、だからといって元に戻すのではなく、さらに改善するのがトヨタの文化です。そこにあるのは挑戦して失敗した人間は叱らないが、何も変えようとしない人間は叱る文化です。

そして挑戦して失敗をした場合は、「失敗のレポート」を書いて、みんなの財産にすればいいと考えています。

全社単位では難しくても、部門やチーム単位でできる取り組みはいくらでもあります。

たとえば、失敗してもいい「チャレンジ領域」を創る。

業務時間のうちの1割を「チャレンジ時間」に充て、通常業務以外の新たなテーマに取り組む時間にする。あるいは、部門やチーム共通の課題や関心事（例：部内会議の運営方法見直し、機械学習の研究、新入社員定着プログラムの検討）をテーマ設定し、部門横断・チーム横断で取り組む。こうした取り組みを通じて、チャレンジする風土や失敗する体験を少しずつ身につけている職場もあります。

普段、失敗が許されない業務に従事している組織ほど、失敗を許さないおよび失敗を恐れる風土は強くなりがちです。そのまま、通常業務の枠組みで「チャレンジせよ」「失敗を恐れるな」と叫んだところで、組織風土も人の行動も変わりません。通常業務に影響しない、新規のテーマで「小さく怪我できる」領域を創る。その安全な領域で、チャレンジの経験を積み、失敗を許す場を創る。そこから始めてみてはいかがでしょうか。

ただし「やりっぱなし」は禁物です。成功したにせよ失敗したにせよ、かならずチームで振り返りを行うこと。良かった点、反省点、次に活かす点などを言語化し、成功も失敗も組織の知に変えていきましょう。知識化するプロセスがうまく回るようになれば、失敗も次の成功のための貴重な資産と捉えられるようになります。

失敗を極端に恐れるのは、変化を恐れる気持ちからです。しかし、企業は「変化対応業」であり、変化をしなければいずれは消え去ります。もちろん何かを変えようと挑戦したからといってすぐに成果が上がるわけではありませんが、確実に変化は表れます。挑戦を後押しするようになれば、成果は出なくとも、職場の空気が明るくなったり、若手社員が元気になったり、たくさんのアイデアが出るようになる好ましい変化が表れてくるものです。

今、日本の企業に求められているのは、ある分野に突出した才能を持つ人間を上手に活かし、失敗を恐れず挑戦し、変化し続けることです。そのためにも5教科主義、減点評価主義からは一日も早く脱しなければなりません。

第5節　まとめ

■日本企業は「5教科主義」「減点評価主義」が根付いており、失敗が許されない空気がある。それがギスギスの原因になる

■失敗してもいい「チャレンジ領域」を創る。結果が出たら、必ずチームで振り返りを行い、成功も失敗も組織の知に変えるといい

第6節

メンタリティによるギスギス②
いまだに目立つ根性論

いまだに目立つ体育会的な根性論、精神論、派閥主義も職場環境をギスギスさせます。

かつての就職市場において、体育会系のクラブの出身者は就職が有利と言われていました。就職活動をするうえで先輩、後輩のつながりは案外強いもので、クラブの先輩から誘われて先輩のいる企業を受け、採用されるケースはよくあります。就職活動中の学生もゼミやクラブの先輩を訪問して、いろいろ話を聞く機会も多いのでしょう。中でも体育会系のクラブの場合、文科系に比べて縦のつながりが強いため、先輩から後輩へ、後輩からそのまた後輩へと、代々誰かが入社することになります。

あるいは、こうした人のつながりはなくとも、学生時代に体育会系のクラブに所属していた学生を好んで採用する企業は少なくありません。理由は根性がある、礼儀がしっかりしている、少々のことではへこたれない、打たれ強いなどさまざまですが、たしかに日本の企業では体育会系の出身者は好まれる傾向にあります。
それはなぜなのか、考えられる背景を3つ挙げます。

背景1　統制型、集団主義的な組織の日本企業に、体育会的なマインドが適していた

長期雇用、年功序列の企業では、長く勤務している人や年長者の意見が絶対であり、少しくらいの理不尽にも耐えられる体育会的なマインドの持ち主はまさにぴったりの存在でした。働き方も「24時間戦えますか」ではありませんが、残業や休日出勤が当たり前で、朝早く出社して、夜遅くまで働くだけの体力があり、上司の指示を忠実に実行できる社員は理想の社員でもあったのです。

背景2　企業文化が時代の変化に合わせてアップデートされていない

最初の理由と近いものがありますが、企業として歴史があり、それなりに安定した業績を上げ、人材流動性も低い企業の場合、かつて自分たちに成功をもたらしてくれた文化ややり方はあまり変わりません。

こうした企業では統制型、指示命令型のやり方がすべてです。年功序列で昇進した上司の指示に部下は何の疑いもなく従います。相変わらずの男性正社員中心の社会であり、女性社員は変わらず朝早めに出社して掃除をしたり、出社してきた男性社員やお客さまにお茶を出したりするのが当たり前のように行われていますが、誰も疑問を持たない。こうした男尊女卑的、体育会的な文化が残っている企業がまだあります。

背景3　近視眼的な組織が体育会系文化を温存する

仕事の優先度を重要度と緊急度によって表すマトリックスがあります。縦軸に重要度を、横軸に緊急度をとって、重要度も緊急度も高い仕事が右上に、重要度は高いが緊急度は低い仕事が左上、重要度は低いものの緊急度の高い仕事が右下、重要度も緊急度も低い仕事が左下に来ます。

当然、重要度も緊急度も高い仕事が最優先になるわけですが、たとえばある営業所で年度末までにあと1000万円の売り上げを上げる必要があるにもかかわらず、残された時間は1カ月もないとします。これは営業所にとっては重要度も緊急度も高く、まさに最優先の仕事となるわけですが、このような時に力を発揮するのが体育会系的な気合と根性の持ち主です。

それこそ残業なんて当たり前、休日出勤も辞さずに気合と根性で目標を達成してくれるわけですから、上司としてはこれほど頼りになる部下はいません。このような時に求められるのは、動く前からあれこれ理屈を言う人間よりも、考える前に動き出す社員です。

つまり、新卒の男性正社員中心の長期雇用、年功序列型組織において、体育会系の社員はぴったりの存在でした。そうした仕事のやり方は、成長期の日本企業には向いていたと考えられます。しかし、今はそうではない。今日に至っても体育会的な気合や根性が大好きな上司が存在しており、時代に合わなくなったやり方を社員に押しつけて職場をギスギスさせています。「今どきこんなやり方にはついていけないよ」と退社する社員も増えてしまうのです。

たしかに今でも体育会的なやり方が通用する仕事もあります。しかし、新製品を開発するとか、イノベーションを起こすといった成功が約束されておらずある程度の時間をかけて取り組まなければならない仕事は、体育会系的なやり方とは非常に相性が悪いのです。こうした仕事は企業にとって重要度は高いのですが、今すぐにイノベーションを起こさなければ潰れるわけではありませんから緊急度はそれほど高くはありません。成功どころか、失敗の可能性のほうが高い場合さえあります。

求められるのは粘り強さであり、短距離走を気合と根性で走る資質ではありません。本章第1節でグーグルの「70対20対10のルール」をご紹介しましたが、体育会的なやり方は70には通用したとしても、残りの30には通用しません。にもかかわらず、企業文化を相も変わらずの体育会系的文化で染めてしまうと、残りの30が育つことはありません。30の方の仕事に取り組みたい人たちはその企業を離れなくてはいけなくなってしまいます。

では、体育会系に傾倒した文化を脱するにはどうしたらよいでしょうか？

・外のやり方を学ぶ、取り入れる

気合・根性ベースの営業スタイルに限界を感じ、ＩＴを使ったインサイドセールスやカスタマーサクセスの仕組みを取り入れて業績を伸ばしている浜松の中小企業があります。それまでの営業スタイルは昭和の男性の外回り主体だったそうですが、新型コロナウイルスの感染拡大防止のための外出自粛要請により通用しなくなりました。今は、新しいやり方に理解を示す女性の社員が中心となって、テレワークで新たなマーケティング＆セールス手法であるインサイドセールスとカスタマーサクセスを実施し、新規顧客の開拓が進んでいるそうです。

外のやり方を学び、新たなやり方を取り入れて、営業の勝ちパターンを体育会的な気合・根性ベースから文化的な知性ベースに転換している好事例と言えるでしょう。

・多様な人材を採用する

たとえば、ITエンジニアを複数名採用し正しく活躍できるようにして、それまで気合と根性、残業前提で進めてきた営業活動や管理業務が一変。繰り返し発生する問い合わせ対応、人がやることで発生していたミスや手戻りが仕組み化と自動化により激減し、業務効率と生産性が上がった職場があります。今までとは異なる能力や感性のある人を取り入れると、見えなかったムダが見えてきたり、新たな勝ちパターンが生まれたりします。

ただし、せっかく参画してくれた多様な人材も多勢に無勢、同調圧力で潰してしまっては本末転倒。彼ら／彼女たちにも失礼です。

- 複数名採用し、孤立させない
- リーダーが中心となって協力のフォローをする
- リーダーとメンバーの多様性を受け入れるスキルやマインド育成に投資する

- リーダーと対等に話ができる人を採用する
- リーダーと対等に話ができるポジションに、多様性のある人材を起用する
- 外部ファシリテーターを起用し、意見が偏らないよう調整する

このような取り組みもお忘れなく。

マイクロソフトはビル・ゲイツの後を継いでCEOに就任したスティーブ・バルマーの時代には激しい闘争心で知られ、他社を敵としか見ないところがありました。その結果、時代のトレンドに乗り遅れ、いくつもの分野でGAFAに遅れを取りましたが、2014年に新しくCEOとなったサティア・ナデラは、ライバル企業アップルのiPhoneを堂々と使うなどオープンなつながりを大切にし同社を再生、時価総額2兆ドル超の企業へと成長させています。

これからの企業に必要なのは、大企業とベンチャー企業のハイブリッドのような、体育会系的な文化も持ちながら、長期的なイノベーションなどにも取り組めて失敗を許容できる文化も持つ「両利きの経営」ではないでしょうか。

どちらか一方だけでは職場はギスギスし、成長も望めません。両方の文化、両方の仕事の

やり方をあわせ持ってこそ、それぞれの人はいきいきと働けるし、企業としての成長も期待できるのです。

第6節 まとめ

■「統制型の組織と体育会的なマインドの相性がいい」「企業文化が時代の変化に合わせてアップデートされていない」「近視眼的な組織が体育会系文化を好む」といった理由で、根性論、精神論、派閥主義的組織がいまだに残っている
■体育会系のノリは、新製品開発、イノベーションが求められる仕事とは相性が悪い
■これからの企業に必要なのは、体育会系的な文化も持ちながら長期的なイノベーションなどにも取り組むことができて、失敗を許容できる文化も持つ「両利きの経営」
■気合と根性の体育会系しか受け付けない組織を変えるためには、「外のやり方を学ぶ、取り入れる」「多様な人材を採用する」などを検討するといい

第7節

メンタリティによるギスギス③確認が多くてイライラVSしっかりと仕事しているか不安

上司による細かな指示や確認が多い、いわゆるマイクロマネジメントも職場の空気や人間関係をギスギスさせます。

上司として部下の仕事の進捗状況や出来栄えについて細かく管理したくなる気持ちはよく分かります。上司のそのまた上司から厳しく監督責任の圧力をかけられることもあるでしょう。仕事はスケジュール通りに進んでいるのか、何か問題は起きていないか、あるいはこちらが期待したようなレベルに仕上がっているのかはとても気になります。

自分が信頼している部下であれば、その力量も分かるだけにある程度は安心して任せられます。しかしそうでないうえに報連相を怠りがちな部下については、どうしてもこちらから「どうなんだ?・」と聞きたくなるものです。

ビジネスの基本の一つに報連相があります。もしあなたが部下で、上司の信頼を得たいのなら、上司から「あの件はどうなっている？」と聞かれる前に先手を打って報告できればベター。

一方、適切な報連相がない場合、上司はどうしても不安になり、部下に進捗状況を尋ねるようになります。そのことを部下は「任せたのならあれこれ言わないでほしい」と思うわけですが、いざ問題が起きた場合には責任を問われるのは上司ですから、「最後まで任せてほしい」なら報連相を怠ってはいけません。

それでなくても日本の職場におけるマネジメントの多くは、統制型です。統制型とは、製造現場のように、全員が決められたやり方に沿って決められた通り仕事をやる前提の下で行われています。そこで求められるのは、決め事から逸脱していないか、あるいはさぼっていないかをきちんと監視することであり、それこそがパフォーマンスの向上につながると考えられています。

当然、働く側も「時間×単価」の労働ベースであり、決められた場所で決められた時間、決められた仕事をしていれば、それだけで評価につながります。大切なのはさぼらず決められた仕事をすることなのです。

パーソル総合研究所の調査によると、日本の職場では人事評価とマネジメント職の登用において最も重視されているものの一つが「上司との対話頻度」となります。人事評価における間接的要素全体の影響を100とすると、人事評価では実に40・2％、マネジメント職登用では15・8％も占めることが分かっています。[*19]

この調査結果から、日本の職場において業務成果とは直接関係のない要素である上司との対話頻度が、評価や昇進に大きな影響を与えている可能性が考えられます。これ自体もちろん危惧しなければいけませんが、日本の職場ではそれほどまでに上司と部下の関係は密であり、上司は部下をしっかりと管理監督するよう求められているのです。それが時に部下への過干渉やマイクロマネジメントにもつながっているのです。

こうした上司のマイクロマネジメントは職場をギスギスさせ、部下をイライラさせる原因となります。さらに今日のようにテレワークが普及してくると、それ自体が上司にとっては心配の種になり、部下にとってはイライラの種となってきます。

先ほども触れたように、日本の職場のマネジメントは統制型であり、上司は部下への監視を重視します。一方、テレワークのような働き方を前提としているのは自律型です。上司は部下の仕事のやり方や専門性を信頼し、部下は一人ひとりが自分で働く場所や働く時間を選んで、求められる成果を上げることになります。

当然、同じフロアにみんなが出社して同じ時間働くやり方とは異なります。子育てをしている人であれば、子どもが寝ている時間を利用して仕事をすればいいし、共働きの人であれば、お互いに話し合って仕事をする時間をずらせるかもしれません。あるいは、一人暮らしであっても気分転換のために日中、ジョギングや散歩に出かけてもいいはずですが、そこに統制型のマネジメントを持ち込むとおかしなことになってきます。

新型コロナの感染拡大によって急遽テレワークに移行した企業の中には、社員が働いているか不安を感じたのか、テレワーク監視ツールを導入するところもありました。

テレワークの導入により、長時間の通勤時間から解放され、家事や子育ての時間がとれるなど、メリットを感じた人もたくさんいました。一方で、目の前に社員がいないため、「本当にちゃんと働いているのだろうか」「成果は上がっているのだろうか」と不安を感じた管理職も少なくありませんでした。

テレワークで社員を監視する方法はいくつかあります（私はこれらを推奨しているわけではありません）。

1. 在席確認

オフィスワークであれば、上司は目で確認できますが、テレワークではそれができないため、ウェブカメラを起動して本当に仕事をしているかをチェックしたり、パソコンが動作しているかなどを確認するやり方です。

2. アクセス監視

オフィスワークでも「一生懸命に仕事をしているなあ」とふとパソコンの画面を見ると、仕事とは関係のないものを見ている人がいますが（とはいえ仕事には適度なリフレッシュも必要です。何気ないネットサーフィンによって偶然出会った情報が仕事の新たなヒントを与えてくれることもあります。よって、一律でネットサーフィンを禁止するのはどうかと思いますが）、他人の目のないテレワークならなおさら心配になります。アクセス監視は、ネットサーフィンやゲームなど、仕事と関係のないことをしていないかをチェックするものです。

この他にも利用アプリの監視やキーロガーの監視などもあります。このような監視ツールを導入すると、逐一社員の業務状況や勤務時間などを把握できるため、上司にとっては頼もしい安心ツールとなります。

一方、社員にとってはテレワークの監視は窮屈に感じることが多いです。私は、そのような監視をする会社は間違いなく秒速で辞めるでしょう。絶対無理です。

あまりに細かく監視されると、オフィスで仕事をする以上にテレワークがストレスの多いものになり、かえってモチベーションの低下につながる恐れがあります。

また、本来テレワークが持っている社員一人ひとりが自分に合った働き方を選べる良さを殺しかねません。オフィスワークでは働く場所も時間も決まっていますが、テレワークの場合は、子育てや介護をしている人も、長時間の通勤時間が苦痛の人も、自分に合った場所と時間に働けるメリットがあります。

にもかかわらず、監視ツールによってあまりに厳しい管理下においてしまうと、本来なら子どものために使いたい時間を「仕事だから」とパソコンの前に座って仕事をしなければならない強迫観念にかられる人も出てきます。なにより、「自分がプロとして認められていない」と不快感を覚えるでしょう。

このように会社の視線を気にしすぎると、テレワークの有効性を活かせなくなります。テレワークでの仕事自体がストレスの大きいものになり、結果的に社員も上司もイライラして、離れているにもかかわらずその職場はギスギスします。

それでなくとも日本の中間管理職は働き方改革による労働時間の削減によって業務の負担感が増しています。パーソル総合研究所の調査によると、働き方改革が進む企業群では、中間管理職自らの業務量が増加したと感じている人が62・1％もいます。[*20]

中間管理職は、人材や時間の不足を感じているにもかかわらず、人事部門からの支援が受けられない場合もあり、結果的に「仕事の意欲が低下した」「転職したい」「学びの時間が確保できない」「付加価値を生む業務に着手できない」といった深刻な問題を生じさせます。

そこに新たに加わったのがテレワークの導入です。テレワークの導入はギスギスした職場を改善する良い機会のはずですが、残念ながらそこにもオフィスワークと変わらない、あるいはそれ以上に厳しい統制型のマネジメントを持ち込むと、中間管理職の負担をさらに増すだけの結果になってしまいます。

テレワークを機に「新しい働き方」「新しい管理のあり方」を考えることが社員の働く意欲を高め、中間管理職の負担を軽減するうえでも大切なのではないでしょうか。

テレワークでも成果を出せる働き方にするには、管理職とメンバー双方のスキルとマインドを変える必要があります。今までの対面ベースの働き方の勝ちパターンとテレワークを併用した働き方の勝ちパターンは違って当然。管理する側もされる側も、考え方と武器をアップデートする必要があります。それは、テレワークのためだけに行うのではなく、国内でも遠方や海外などの離れている相手、所属会社の異なる相手とも信頼関係を構築して、仕事を進めるためのアップデートと捉えてください。

テレワークで成果を出すためのスキルとマインドは、91ページで触れました。書籍『どこでも成果を出す技術』（技術評論社刊）でも詳しく解説していますし、私が企画および講師を務める『組織変革Ｌａｂ』でも扱っています。これらを参照し、自分の組織の現在位置と目指す方向を明確にしてください。足りないスキルやマインドは計画的に育成して、あるいはトレーニングを通じて身につけていきましょう。

新しいやり方に馴染むのは大変です。苦しみを伴います。しかしそれは、組織とそこで働く個人が未来に向けて正しく変化するための、成長痛だと捉えて向き合いましょう。「逃げちゃダメだ、逃げちゃダメだ」です。

テレワークは、とかく管理され指示される仕事に慣れ切った社員を、自分の頭で考え、自分の責任で行動する自律した社員へと変えていくチャンスでもあります。

せっかくのチャンスを活かすためにも、この際、統制型のマネジメントから自律型のマネジメントに思い切って変えていきませんか。

第7節　まとめ

- 上司の過干渉やマイクロマネジメントは部下をイライラさせる要因になりうる
- 日本の職場においては、業務成果とは直接関係のない要素である上司との対話頻度が、評価や昇進に大きな影響を与えている可能性が考えられる
- 働き方改革が進む企業の中間管理職は62・1％が自らの業務量が増加していると感じている
- テレワークを機に「新しい働き方」「新しい管理のあり方」を考えることは社員の働く意欲を高め、中間管理職の負担を軽減するうえでも大切

参考文献（第2章）

＊14「APACの就業実態・成長意識調査」
https://rc.persol-group.co.jp/news/201908270001.html
＊15 東大生の就職先ランキング
https://blogos.com/article/375876/
＊16 就職活動と入社後の実態に関する定量調査
https://rc.persol-group.co.jp/thinktank/research/activity/data/reality-shock.html
＊17〈2021年人事異動に関する調査〉2021年度の人事異動は、コロナ禍の影響で26％が例年よりも減少と回答。6割がデータに基づいて配置せず、結果的に課題が残る場合も
https://prtimes.jp/main/html/rd/p/000000013.000046088.html
＊18 DXが進む企業には、失敗を恐れない文化がある
https://www.itmedia.co.jp/enterprise/articles/2104/07/news008.html
＊19 上司との対話頻度が人事評価に大きく影響。テレワーク下で注意すべき
https://rc.persol-group.co.jp/news/202012150002.html
＊20 働き方改革進む企業で負担増す中間管理職。62.1％が自らの業務量増加と回答
https://rc.persol-group.co.jp/news/201910030001.html

第3章
制度による
ギスギス

第1節

制度によるギスギス①
毎日出社しなければいけない

制度の問題にも目を向けてみましょう。日本の職場のギスギスを生む要因に、通勤が挙げられます。長時間の通勤や満員電車は、人として耐え難いものの一つ。ムダに私たちの勤労意欲を下げます。

日本の労働生産性の低さはデータも証明しています。リモートワークによる日本の職場の生産性低下（の可能性）については既に触れた通りですが、こうした生産性の議論から抜け落ちているのが日本の通勤時間の長さです。

総務省統計局が２０１１年に実施した、全国47都道府県の通勤・通学時間をまとめた統計データによると、全国平均は1時間14分、トップは神奈川県の1時間40分となっています。[*21]

私自身もかつては神奈川県に住み、都内の会社に通っていた時期がありますが、毎日へとへとでした。

さらに日本の電車は通勤・通学の時間帯にはとてつもない混み方をします。これでは会社に到着した時点で疲れ果ててしまい、出社して「さあ、これから仕事だ」とエンジンをかけようにもなかなかそうもいきません。

電車の混雑が嫌で、かなり早い時間に家を出て会社に向かう人もいますが、早朝出勤は働く一人ひとりの犠牲の上に成り立つものです。


こうした長時間通勤や満員電車は諸外国にはあまり見られないだけに、いくら満員電車は日本人の宿命と自分に言い聞かせたところで、これほどの疲労やストレスが生産性に影響を与えないわけがありません。

日本の生産性が諸外国に比べて低いのはたしかですが、私自身はその大きな原因の一つが長い通勤時間と満員電車にあり、仕事を始める時点で、日本人は世界に大きく差をつけられていると考えています。

言わば、ハンデ付きの勝負を強いられているのです。

だからこそ、新型コロナウイルスの感染拡大によってオフィスに出社する人員の大幅削減を求められ、多くの企業がリモートワークに切り換えた時、ビジネスパーソンが感じたのは、満員電車に乗って通勤しなくていいことの快適さでした。

片道1時間半として往復すれば3時間になります。出社するためには早くから起きて準備をしなければなりませんし、帰宅してからも翌日への準備が必要になります。満員電車の出社は百害あって一利なし。

これでは世界と闘って勝てるはずがありません。

こうした働き方に疑問を感じ、コアタイムの廃止やリモートワークの導入に加えて、満員電車禁止令を2016年10月に導入した会社があります。

「耳で読む本・オーディオブック」を制作・販売する株式会社オトバンクは、以前からコアタイムなしのフルフレックスタイム制とリモートワーク制を導入していました。人によって働き方はさまざまであり、昼型の人もいれば、夕方から調子が出る夜型の人もいるだけに、いっそのことコアタイムをなくして、本人たちに任せたほうがいいと考えたからです。

同社では、リモートワークも同様の理由から導入されましたが、そこに満員電車禁止令なる耳慣れない仕組みが加わったのはある理由からです。

同社社長の久保田裕也さんが満員電車で通勤している時、乗客同士のケンカ騒動を目にしたのがきっかけでした。それを見た久保田さんは自社の社員たちも同様のトラブルに遭う可能性があると感じ、電車が混む通勤時間帯には電車に乗らないようにするために満員電車禁止令を提案。誰からも反対がなかったので、全社的に導入されました。

久保田さんによると、このようないくつかの制度を導入した狙いは、長時間労働を減らすための働き方改革の意味もありますが、それ以上に、社員に上からの指示で働くのではなく、働き方も含めて自分で考え、自分にとって最も効率の良い仕事のやり方をして成果を上げると同時に、余裕のある生活をしてほしいからだといいます。

まさに統制型から自律型への移行です。

実際、長時間の満員電車での通勤は、働く人から体力を奪いストレスを高めるだけでなく、さまざまなリスクも生じさせます。

近年、鉄道各社の輸送障害件数は右肩上がりで、悪化の一途を辿っています。電車の中でのトラブルも起きていますし、新型コロナウイルスの感染拡大により電車に乗ること自体がリスクでもあります。

さらにCSR（企業の社会的責任。単に利潤を追求するだけではなく、社会に貢献する責任も負わなければならないとする考え方）や、SDGs（持続可能な開発目標。17の世界的目標、169の達成基準、232の指標からなる持続可能な開発のための国際目標）の観点からも、現在のような通勤は百害あって一利なしです。

たとえば、朝夕の通勤ラッシュですが、これほど多くの人が限られた時間に集中して移動するとなると、鉄道会社は通勤ラッシュのピークに合わせて人やもの、場所などを用意する必要があります。

反対に、電車の混む時間帯をずらして通勤するオフピーク通勤が当たり前になり、週の半分くらいは多くの人がテレワークをするようになったとすれば、電車の混み方は大幅に緩和されますから、鉄道会社の対応コストも下がるでしょう。

問題は満員電車だけではありません。地方都市の朝夕を中心とする渋滞も悩ましい社会課題です。私は現在浜松市におり、複数の企業で仕事をしていますが、朝夕の市内の道路の渋滞はそれは酷いと日々実感しています。空いていれば15分で行けるところが、平日の朝夕は

30~40分、酷い時には1時間近くかかります。毎日、多くの住民が渋滞で時間を溶かし、神経をすり減らしているのです。渋滞が酷ければ、自ずと裏道に抜ける車、スピードを出す車も増えます。すなわち危険も増える。ヘルシーではないですね。いっこうに見直されない空気を読まない信号機のタイミング、軒並み平面交差の交差点など、人口80万都市かつクルマ社会にしては道路インフラがあまりにお粗末だなと感じつつも、どうやら市も警察もインフラの改善にはあまり興味がない様子。

あまりに渋滞が酷く改善される兆しもないため、私自身は早々に離脱。テレワークを併用し、少なくとも朝夕のピーク時は移動しないライフスタイルに切り替えました。

とはいえ、そのような働き方を実践している企業や人はまだまだ少数派。製造業が主流の産業構造における地方都市では、皆を同じ時間、同じ場所に出社させる働き方はなかなか変わりません。工場や倉庫など現場作業を必要とする人は別にして、テレワークできる部署の人たちにはテレワーク併用、あるいは出社時間をずらすなどの制度設計および社会設計を本気で求めたいです。事務職が毎朝毎晩の出社をやめるだけでも、渋滞緩和の効果は相当なものになるはずです。

「地方だから満員電車は関係ない」「新型コロナウイルスの感染状況も(東京や名古屋など

の大都市に比べて）そこまで酷くないし、皆車通勤だから安心。テレワークは必要ない」……。

そんな意識から、地方都市ではテレワークのような新しい働き方がなかなか定着しません。断言します。地方都市こそテレワークを積極的に取り入れるべきです。近年、脱東京や地方移住の動きも盛んになってきました。私のいる浜松の企業への転職や移住に興味を持つ人も増えてきています。私は最近は彼ら／彼女たちにこう助言しています。

「悪いことは言わない。浜松に移住して転職するなら、テレワーク可能な会社か、引っ越し先の近くの会社にしておきなさい。それが叶わないなら、移住はオススメしないです」

さもないと、人生の貴重な時間を朝晩の渋滞で溶かしてしまいます。


ものづくりの世界では、1日単位、月単位の生産量の山と谷が大きいとたくさんのムダが生まれるのに対し、その差が小さくなって平準化されればそれだけムダもなくなってくるとよく言われます。

通勤する人が減り、時間もばらつくようになると、電車もラクに乗れるようになります。車の渋滞も緩和され、ビルのエレベーターに押し寄せる人の数も減ります。これらはすべてCSRやSDGsともつながるだけに通勤地獄の緩和は単に働く人のストレスをなくし、職場のギスギスを緩和するばかりか、企業の社会的責任とも関係する取り組みなのです。

出社至上主義、それも満員電車や渋滞を当たり前のものと考える働き方はさすがに限界に来ています。出社至上主義は働く人の体力を奪い、モチベーションを低下させます。ストレスもたまり、これでは成果が上がらないうえに、職場どころか社会そのものをギスギスさせます。

世界と闘い、かつCSRやSDGsを目標として掲げる以上、企業としてすぐにでも「満員電車禁止令」や「テレワーク推奨令」を出してほしいところです。

テレワークのノウハウもここ1~2年でかなり増えてきました。先に挙げた、浜松市においても地域に特化したテレワークのノウハウや実施事例を掲載したWebサイト「ハマリモ!」が提供されています。

▼「ハマリモ!」は浜松市が運営する、テレワーク推進サイト。
https://hama-remo.jp/

このような情報を活用し、新たな働き方にチャレンジしていってください。

統制型の管理職にとって、今までの仕事のやり方や「勝ちパターン」を手放すことは不安かもしれません。しかし、今までのやり方を変えることで、社員の将来の不安が解消され、モチベーションが上がるとしたら？　「この会社でがんばろう」と考える社員が増えるならば？　その不安は信頼に変わります。

第1節　まとめ

■日本人は通勤時間に、平均1時間14分を要している
■テレワークできる部署の人たちにはテレワーク併用、あるいは出社時間をずらすなどの制度設計および社会設計を推奨する
■通勤する人が減り、時間もばらつくようになる働き方はCSRやSDGsとも直結する
「通勤地獄の緩和」は単に働く人のストレスをなくし、職場のギスギスを緩和するばかりか、企業の社会的責任とも関係する取り組みである
■地方都市の企業こそテレワークを！

第2節

制度によるギスギス②条件が厳しくて働けない

条件が厳しくて働けない、あるいは自分の能力を十分に発揮できない。

これからの日本は、政府が掲げた「一億総活躍」なるキャッチフレーズが示すように、男性も女性も、老いも若きも働かなければならない時代です。かつての高度成長期のようにお父さんが働きに出て、お母さんは専業主婦として家庭を守っていれば、会社も回るし、家庭でも子どもを育てて学校を卒業させ、無事に就職をさせられる時代ではありません。男性も女性も、定年を迎えた人も働けるうちはできるだけ働いてほしいのが政府の方針なのです。ところが、いざ働こうとすると、それを妨げるものが日本の職場にはたくさんあります。

たとえば、家事に育児、さらには介護の問題もあるうえ、先述した満員の通勤電車に乗って出社しなければならない問題が立ちはだかります。しかも、日本の企業には能力の有無とは関係なしに、何時間働けるかによってどんな仕事を任せるかが決まる奇妙な慣習もあります。

あるいは、異動や転勤は企業の言いなりで、転勤などを拒否すれば限られた仕事しかできないところもあります。何よりも「毎日出社」を前提にしており、リモートワークはあくまでも国に言われたから仕方なしにやっているところも少なくないのが実情です。

結果、こうした働くための厳しい条件のせいで、せっかくの有為の人材が活躍の場を与えられない悲劇も起きています。パーソル総合研究所の調査によると、育児期に離職した女性の正社員の約6割が、出産後も働き続けたいと思っていたことが明らかになっています。[*22]

事実、正社員を辞めた後、小学生以下の子どもを持つ人の47%がアルバイトやパートタイマーとして働いています。もし企業が柔軟な働き方を認めていれば、こうした人たちの多くは退社せず、就業を継続していた可能性があるのです。

もちろん中には専業主婦を希望する人もいます。こうしたデータから、企業が働くための厳しい条件にこだわらずに、より柔軟な働き方を実現すれば、女性社員の離職を防ぐことができると考えられます。その持てる力を企業のために発揮してもらえたはずなのです。

にもかかわらず、多くの人が出産などを機に辞めてしまうのは何とももったいない。男性も女性も老いも若きも、みんなが持てる力を発揮して働ける理想的な職場をつくり上げるせっかくのチャンスを失うのです。

そもそも日本において初めてテレワークを導入したのは、1984年の日本電気（NEC）と言われていますが、その狙いの一つは結婚や出産を機に退職する女性を少しでも減らすことでした。

それから間もなく40年が経つわけですが、果たして日本の職場は女性にとって働きやすく、かつ持てる力を存分に発揮できるようになったのでしょうか？

前述したように日本の職場を変え、企業が成果を上げていくためには、「制約条件はあるが、能力が高く、かつ成長意欲のある人」が存分に働けるようにする必要があります。

しかし、残念ながら日本の企業では9時から5時まで働くのが難しい時短勤務の人や、残業ができない人には責任ある仕事は任せられないとする風潮がいまだに残っています。

転勤制度もそろそろ見直すべき時に来ているでしょう。

本来、見なければいけないのは能力です。ところが、能力よりも毎日オフィスに出勤できるか、転勤や異動に従えるかを重視するあまり、働く意欲も能力もある人が十分に活躍できないのは、大きな問題です。

こうした現状を打破するためには、「能力も意欲もあるが、制約条件のせいで従来の日本企業の働き方には対応できない人たち」が持つ能力を活かすには、何をすればいいのかを日本企業が真剣に考えなければいけないのです。

そうした視点で見れば、親の介護のために退職せざるを得ない人や、出産を機に退職せざるを得なくなった人、あるいは障がいや本人の体力や価値観のために電車通勤はできないけれども、能力と意欲のある人を活かす方法が見えてくるのではないでしょうか。

「一億総活躍」を「一億総疲弊」にしないためにも、能力や意欲を活かすための多様な働き方を工夫して、ギスギスした職場を活力あふれる職場へと変えていくことが何より大切なのです。

第2節　まとめ

■育児期に離職した女性の正社員の約6割が、実は出産後も働き続けたいと思っていた
■従来の日本企業の働き方を見直し、より柔軟な働き方を実現すれば、能力や意欲のある人の離職を防ぐことができる

第3節

制度によるギスギス③ 自分が動いても変わらない

統制型と自律型のズレが生じて発生する、職場のギスギスもあります。

組織の形は大きく2つに分けられます。一つが統制型、そしてもう一つが自律型です。自律型組織に向いている人が統制型組織に入る組織と人のミスマッチ、あるいは、統制型を好む上司と自律型を好む部下のミスマッチで、ギスギスしてしまう可能性があります。

では、統制型、自律型それぞれどのような組織なのか見ていきましょう。

統制型組織では、そこで働く人たちは上からの指示やマニュアルに従ってみなが同じ動きをします。日本の企業が過去50〜60年得意としてきたいわば勝ちパターンですが、デメリットもあります。

統制型組織のメリット

1．トップや意思決定者が明確な答えを持つ領域においては、確実に成果を出せる

たとえば、「この製品はこうやってつくれば確実に良品をつくれる」「この製品はこのような売り方をすれば間違いなくヒットする」といった「はっきりとした答え」がある時には、その答えに沿った生産ラインをつくり、標準作業通り、あるいはマニュアル通りの仕事のやり方を指示して、働く人もその通りのやり方をすれば確実に成果が上がります。答えが分かっていて試行錯誤の必要のないものに関しては、統制型組織は力を発揮します。

2．大規模展開をしやすい

ものづくりの世界にモデルラインという考え方があります。新しい製品をつくるとか、新しいつくり方をするにあたっては、いきなり大規模にやるのではなく、モデルラインを使って試行錯誤を繰り返し、「これでいける」となったら他の生産ラインや工場にもそのやり方を水平展開します。同様にチェーン店なども一つの店舗をモデル店舗として

さまざまな試みをして、「これでいける」となると、広範囲への展開を行いますが、このような場合、統制型組織のほうが短時間で一気に大規模展開が可能になります。

3. 緊急事態や非常事態において統制をとりやすい

たとえば、飛行機で普段は接客を担当しているキャビンアテンダントは、非常時には「これより客室乗務員は保安要員へと切り替わります」とアナウンスし、お客さまの安全確保のために次々と指示を出します。緊急事態においては一人ひとりの判断に任せるのではなく、誰かが明確な指示を出して、他の人はその指示に従うほうが統制もとれるし、安全が確保できるからです。

このように統制型組織は、緊急事態においては統制がとりやすいのです。

統制型組織のデメリット

1. 変化に弱い

統制型組織は、たとえば高度成長期のように「つくれば売れる」時代には力を発揮しますが、環境が変わり、これまでのやり方が通用しにくくなった時にはその弱さが出てきます。

2. 新たな発想を生みにくい

統制型組織は、上が答えを持っていてその指示に従ってみんなが動きます。上の人間が新たな発想の下、新たな指示を出さない限り変化はありません。すべては上次第です。企業を急成長させた創業者が時代の変化から取り残され、企業が衰退していくのはよくある話です。

3. 管理職も社員も主体性や思考能力を奪われやすい

私が暮らす浜松には大企業の協力会社がたくさんある一方で、ベンチャー企業もあります。ベンチャー企業の経営者の中には、協力会社などで10年、20年、30年働いた人を採用して、何か新しいものに挑戦してもらおうとしても、難しい場合があるといいます。なぜなら一つの企業で長く上から指示された通りの仕事をやってきた人の場合、決められた仕事を決められた通りにやるのには長けていても、自分で新しいことを考え出したり、次々と新しいことに挑戦するのには慣れていないからです。
人間から思考力や主体性を奪う一番いい方法は、自分で考えさせるのではなく、最初から答えを教えてその通りにやらせることです。そこでは自ら考える必要はありませんから、思考力、主体性、挑戦する力は不要となります。

4．そこで働く人のエンプロイアビリティ（転職力）を奪う

かつてのように新卒で入社した会社で定年まで勤められるのなら、統制型組織であっても何の問題もありません。それどころか、企業としては言うことを聞いて真面目に働いてくれる人は大歓迎です。しかし、今の時代、40代くらいで早期退職に追い込まれたり、役職定年で役職も役職手当も奪われることが少なくありません。企業の吸収合併などで、それまでと違う人たちと違う仕事をしなければならない場合もあります。にもかかわらず、その企業でしか通用しない働き方しかできないとすれば、自分の居場所はなくなってしまいます。

一方で自律型組織では、リーダーが最低限の目標を明確化すれば、各メンバーがその目標

を実現するために、どのように動けばいいのか自分たちで考え実行していきます。

自律型組織のメリット

1. 個々人の主体性や思考能力が養われ、発揮されやすい

上からの指示がすべての統制型組織と違って、自律型組織においては自分で考え、自分の責任で行動することが求められます。大変ではあっても、思考能力は養われ、主体性を持った仕事のやり方ができるようになります。

2. 一人ひとりが自分の勝ちパターンをベースに仕事をすることができる

統制型組織においては、全員がオフィスなり工場なりに決められた時間に出勤して決められた時間だけ働くことが良しとされますが、自律型組織においては一人ひとりが自分に最も合った環境で働くことができます。それが自宅の人もいれば、オフィスの人、あるいは半々の人もいます。個々人が持てる力を発揮しやすくなります。

3. 自分たちの組織が持っていない能力やリソースを活用しやすくなる

かつては多くの企業が自前主義のような、人でも資源でも自分たちの組織の中だけでできる限りやることにこだわっていました。自律型組織は、自分の組織にないものは外の人を採用したり、つながったりすることで解決します。

4. スピード感を持ってトライ&エラーがやりやすくなる

組織の規模が大きくなり、そのすべてを統制しようとすると、どうしても動きが遅くなりがちです。よく日本の企業の欠点の一つとして「意思決定に時間がかかる」と指摘されていますが、それではこれからの時代においてはリスクです。失敗を恐れずにまずやってみて、問題があればすぐに修正するトライ&エラーが自律型組織では可能になり、その分、スピード感を持った活動ができるようになります。

自律型組織のデメリット

1．権限が適切に委譲されていないと、意思決定が行われにくくなる

統制型組織の場合、権限は基本的に上の人間にありますが、自律型組織では専門性を持ったプロ人材が集まって仕事をします。誰にどれだけの権限が与えられているかがはっきりしない場合、意思決定が適切に行われないデメリットがあります。

2．自己管理能力のない人にはしんどい

自律型組織では、一人ひとりが自分で考えて自分の責任で行動することが求められます。働き方についても自分にとっての最善を考えて働きます。こうした働き方は、統制型組織に慣れ切った人にはとてもしんどいものです。もちろん慣れると自分を成長させられる人もいますが、できなくて退職する人もいます。

3．大きく展開していくには限界がある

製造ラインの新設や店舗の他拠点展開など大規模な投資や拡大を行う場合、統制型組

織のトップダウンによる意志決定プロセスが向いていると考えることもできます。自律型組織は、小さな意思決定と行動を素早く（アジャイルに）行うのには長けていますが、事業を大きくスケール（拡大）するための意思決定は不得意かもしれません。

このように組織にはさまざまな形があり、それぞれにメリットとデメリットがあります。そのため、統制型組織に入社してしまった自律型の人は何とも言えない不自由さを感じ、その職場に合わせるか、辞めるかの選択を迫られるでしょう。

同様に、長く統制型組織で働いてきた人が自律型組織に移り、いきなり自律型の働き方を求められた場合、やはり居心地の悪さやついていけないしんどさを味わうでしょう。

このアンマッチは、上司と部下との関係でも起こりえます。自律型の社員を統制型の上司が率いる場合のアンマッチ。反対に、統制型を好む社員を自律型の上司が率いると、統制型の社員は細かい指示をしない上司に対し大いに不安を感じます。

今日、日本の職場がギスギスする背景には、こうした統制型と自律型のズレも影響しているように感じています。統制型組織で長年働いてきた人に自律型の働き方を求めれば、何を

統制型組織と自律型組織の違い

	統制型組織	自律型組織
組織の形態		
機能する環境	**変化が少ない環境** ・トップや意思決定者が明確な答えを持つ領域では確実に結果を出せる	**変化が激しい環境** ・個々人の主体性や思考能力が養われ、発揮されやすい ・外のリソースを活用しやすくなる ・トライ＆エラーがスピーディーに行える
権限・責任	**一極集中** 緊急事態や非常事態において統制をとりやすい	**分散** 権限が適切に委譲されないと、意思決定が行われにくい
規模	大規模展開しやすい	大規模展開に限界がある
その他	・新たな発想を生みにくい ・働き手の主体性や思考能力、転職力を奪われやすい	自己管理能力のない人にはしんどい

どうしていいかが分からず不安になります。反対に自律型の働き方を望む若い社員に対して昔ながらの統制型の働き方を押しつけようとすれば、当然、強い反発が生じます。

ましてや国籍の違う社員を統制型で縛ろうとすると、無理が生じ、結果的にせっかく採用した人たちが退社しかねません。

もちろん、私は統制型組織を否定していません。

既に触れたように、統制型組織のほうが向いている分野ももちろんあります。統制型組織での働き方を望む人もたくさんいるはずです。問題は、かつて日本企業に成功をもたらした統制型組織だけでは今の時代、通用しない。統制型組織では能力を発揮できない人もいる。その前提に立ち、仕事のやり方、マネジメントの仕方、組織カルチャーを再設計しましょう。

第3節　まとめ

- 組織の形には統制型と自律型の大きく2つあり、それぞれにメリットデメリットがある
- 自律型に向いている人が統制型組織に入る組織と人のミスマッチや、統制型を好む上司と自律型を好む部下のミスマッチによってギスギスする場合がある
- かつて日本企業に成功をもたらした統制型組織だけでは、今の時代通用しない

■統制型組織では能力を発揮できない人がいる前提で、仕事のやり方、マネジメントの仕方、組織カルチャーを再設計しよう

第4節

制度によるギスギス④ 終身雇用がモチベーションを下げる

終身雇用制度の仕組みやカルチャーも、職場を十分ギスギスさせます。若い社員の出世意欲がない、管理職になりたがらない、その根底には日本企業の特徴の1つである終身雇用があります。

マズローの欲求五段階によると、人間の欲求は「生理的欲求」「安全の欲求」「社会的欲求」「承認欲求」「自己実現の欲求」の5つの段階に分かれています。終身雇用制度下で、私たちは学校を卒業して安定した企業に就職すればゴール。「生理的欲求」「安全の欲求」は満たされ、場合によっては「社会的欲求」も満たされます。

日本企業では滅多に解雇されないだけに、入社さえしてしまえばその後の数十年の生活が保証されるわけです。これほど安心なことはありません。

もちろん、人によっては就職が決まった時に「これで懲役40年か」と言う人もいるほどですから、就職は転勤や異動といった人事権を会社側に握られ、自分は「この環境で、この仲間や上司とずっと一緒に過ごさなければならないのか」と覚悟を決めることを意味していますす。

このような組織に就職した場合、よほど環境に恵まれているか、自分のやりたいことともののすごく合っている人は別にして、環境に順応し、与えられた仕事を好きになるようにしなければなりません。あるいは、心を殺して淡々と仕事をしなければなりません。

自分のキャリアを自分で選べませんから、就職後のモチベーションはどうしても上がりにくくなります。就職した時は滅茶苦茶嬉しいけれども、よほどの成功を収めた人は別にして、そこから定年に向かってモチベーションは下がる一方なのです。

このような上司や先輩を見ていれば、若い人たちが将来への希望を持ちにくくなります。「出世したい」「管理職になりたい」などの欲求も低くなるでしょう。

モチベーションが下がっていく環境は働く人にとって不健全ですし、それだけ職場はギスギスします。

では、こうした環境を変えるためには何が必要なのでしょうか？　3つの提言をします。

1. 企業として人材の育成に投資をする

日本企業の場合、新入社員への研修はそれなりに時間と手間をかけますが、それ以降は管理職登用前の研修はあったとしても、あとは個人の自助努力任せのケースも。

これまたうまくない。たとえば20年前に入社した人が管理職になって、その頃の常識のままに部下を指導したり、営業や開発部門で闘おうとしてもうまくいくはずがありません。

たとえば、その人が営業の最前線で闘っていた時には、ローラー作戦と称して片っ端から企業や個人を訪問する飛び込み営業が効果を発揮したとしても、今の時代、訪問自体を嫌いインターネットでの提案を好むお客さまが少なくありません。

手法だけでなく、働く人たちの意識も変わっています。にもかかわらず、自分が若い頃に経験したやり方をすべてと思い込み、そのやり方を押し通そうとしても、うまくいかないでしょう。部下との関係もギスギスします。

よく問題になるセクハラやパワハラなどもそうです。いわゆるハラスメントを起こす人は、過去の常識のままに今を生きており、今の常識を知らないままに管理職になり部下を率いているのです。

パソコンでもアップデートを怠れば、動きが悪くなるし、時にはウイルスにやられてしまいます。組織は新入社員だけでなく、働く人すべてにしっかりと投資をして、最新の情報へとアップデートし続けなければなりません。

リモートワークの問題にも通じます。リモートワークが導入されて最も困ったのは、オフィスに長時間いるものの、実は仕事の成果は上がらないダメ社員と、ITツールを使いこなせない人たちでした。

そして、チームはみんな同じ場所にいたほうがいいと出社を強要したり、お客さまの迷惑を顧みず対面での営業などを押しつける上司も少なくありません。これも企業として社員へのIT投資を怠ったツケなのです。

今の時代、仕事のやり方もお客さまの嗜好も、さらには社員の考え方もどんどん変わっていきます。管理職や社員のアップデートは、組織の必要不可欠な投資であり社会的責任です。

終身雇用は何もしない社員の一生を保証する制度ではありません。絶えず成長し続ける、変わり続ける社員であってこそ企業は長く雇用したいのです。

2. 成長しない人たちには厳しい人事制度に変えていく

ピーター・ドラッカーが、企業の失敗の一つとして昇格人事を指摘しています。たとえば、営業社員としては優秀だった人が管理職になり、さらに昇進するにつれてただの凡人になり下がるのは、仕事のやり方が以前のままであり、新しい仕事や役職の求めるものは何かを理解しないからだと言うのです。

終身雇用制度自体はマズローの欲求五段階が示すように、ある程度の満足を社員に与えますが、最上位の自己実現に関してはかなり難しくなります。長く会社にいるだけの人が、新しい知識へのアップデートもせず、たいした成果も上げないままにそれなりの地位に就くとしたら、その部署で働く人にとって悲劇です。

そのような人を見て部下はがんばろうとは思いません。むしろ管理職になりたくないと考えるようになります。ダメな人を片っ端から排除しろとは言いませんが、終身雇用を長期雇用に変え、成長しない人、学ぼうとしない人についてはもっと厳しい処遇が行われる必要があります。

3. 外の風を入れること

10年、20年と同じ環境、同じ仲間たちと仕事をしてきた人たちにとって、自社が抱える問題に気づくのはとても難しいことです。歴史のある企業や大企業であればあるほど、自分たちのやってきたことに自信を持っています。「問題はありますか？」と質問しても、「問題ありません」と返ってきます。

外の風をいれましょう。中途採用をする。外部の有能な人材を顧問として迎え入れる。さまざまな方法が考えられます。

今の時代、働き方も雇用形態も多様ですから、外で働くフリーランスの人や、最近、増えている副業人材をチームに加えるだけでも新たな発想や、これまでになかった気づきが生まれるかもしれません。

終身雇用には良い面もあります。長らく続いてきた雇用制度やカルチャーを、いきなり変えることもできないでしょう。長期雇用は働く人にとっては安心感につながります。しかし、その一方で時代に合わせて人も働き方も仕事のやり方もアップデートしない限り、成果は上がらなくなり、人としても企業としても成長が止まります。

終身雇用を全否定するのではなく、その良さも残しつつ、働く一人ひとりの能力や仕事のやり方、チームの運営方法などを時代に合わせてアップデートしましょう。

第4節　まとめ

■終身雇用制度の仕組みやカルチャーも、職場をギスギスさせていると考えられる。若い社員の出世意欲、管理職になりたがらない傾向、自己研鑽を諦める傾向に少なからず影響を及ぼしている

■企業による人財育成への投資はマスト。成長しない人たちには厳しい人事制度に変えていく、外の風を入れるなどのテコ入れも重要

■終身雇用を全否定するのではなく、その良さも残しつつ、働く一人ひとりの能力や仕事のやり方、チームの運営方法などを時代に合わせてアップデートする

参考文献（第3章）

＊21 総務省統計局　通勤・通学時間が長い!?ランキング
https://www.stat.go.jp/data/shakai/2011/rank/rank3.html
＊22 育児期に離職した正社員女性の約6割が、実は出産後も働きたかった
https://rc.persol-group.co.jp/news/201906190001.html

おわりに

気合・根性主義の体育会系のカルチャー、そろそろおやすみなさい

「社会人たるもの、〜すべきである」

私の最も苦手とするフレーズの一つです。おそらく、私だけではなく意外と多くの日本のビジネスパーソンが、心のどこかでそう思って我慢しながら仕事をしているのではないでしょうか？

「社会人たるもの」

この上の句に続く、下の句は次のようなものです。

- 交通機関の遅れを見越して、もっと早く家を出ろ
- 満員電車に耐えて当たり前

- スーツを着ろ
- 上司に気を遣え
- 雑用も率先してこなせ
- 仕事中にものを食べるなんてけしからん
- 病欠の連絡は電話ですべきだ
- お客様を神様のように敬え

挙げればきりがありません。

昭和時代の気合・根性・体育会系の延長線上のような「いつまでも学生気分」が抜けきらないものばかり。いや、昭和どころか平安時代の雅な貴族文化の残り香さえします。日本の組織は、ビジネスに体育会系のノリや貴族文化の雅を持ち込みすぎているのです。

もちろん、それで勝てているなら良いのです。しかしながら今の日本はどうでしょう。日本の組織、とりわけホワイトカラーの生産性は主要国の中で断トツに低い。さらに、職場の空気もギスギスしていてエンゲージメントも低いときたもんだ。正直、これまでの組織文化やルールに合わせる道理などない。今までの「社会人たるもの」のべき論は、まるで説得力がないのです。むしろ、今までの日本の組織の常識や理不尽を率先して疑って壊していくくらいでないとまずいでしょう。私たちは、そのくらいの危機感をもって、日々の仕事に接していく必要があるのです。

ちょうどこのあとがきを書いている今日、ある企画会社の担当者にこんなメールを返したところです。あるIT企業（以下、エンド企業）が運営するメディアの取材依頼。DXについて語ってほしいとのことで、1カ月と1週間前に引き合いをいただいたのですが、いつまでたっても日程が決まらない。日に日に私のスケジュールは他の予定で埋まっていきます。

いい加減埒が明かないので、エンド企業の担当者も入れてSlackかFacebookメッセンジャーでのやりとりにしてもらえませんか？

大企業サラリーマン様の雅なスピード感、雅な伝言ゲームにつきあっていると零細企業の当方はコミュニケーションコストばかりかかって疲弊するだけです。スケジュールも日に日に埋まっています。

その辺りはＤＸしていただかないと困ります。
（ＤＸの本質は、カルチャーシフトとマインドシフトですよ）

とりわけ、エンド企業はＤＸを謳うＩＴ企業ですから私はこのようなモノイイを毅然としました。そうでないと社会や次の世代に示しがつかないですし、なによりこの企業と関わる他の中小零細企業も不幸になります。

本書で、上司と部下のムダな階層やコミュニケーションの壁が関係をギクシャクさせ、生産性を下げるとお話ししました。それは上司部下の関係だけではありません。中間会社が間に挟まる商業構造や商習慣においても、同様に発生しているのです。そのようなコミュニケーションの壁を無くしていくのもＤＸです。ＤＸは「したほうがよい」ものではなく、「していただかないと困る」（関係人口の多い大企業や官公庁組織は特に）。そのためには、カルチャーもマインドも変えていただかなくてはならないのです。

このメールの文面を（もちろん社名や個人情報は出さずに）、ＦａｃｅｂｏｏｋとＴｗｉｔｔｅｒに日記的に投稿したところ、インフルエンサーの澤円《さわまどか》さんが直ぐに反応してくれました。その他、思いを共にする多くの人が共感や応援のメッセージをくださいました。そして、その日の夜（この原稿を書いている今この瞬間）には、なんと澤円さんのＶｏｉｃｙ（インターネットのボイスメディア）のコンテンツに。その音声記事がこちらです。

■澤円の深夜の福音ラジオ
【１３０２回】「雅」と「雑」の入り混じるお仕事の現場とは。

https://voicy.jp/channel/632/221180

私はこれがＤＸだと思います。古い常識の人であれば、このような流れは考えられないかもしれません。しかし、このようにオンラインで発信して、オンラインで意見交換が始まり、オンラインで共感や新たな行動が生まれる。これこそが、ＤＸかつイノベーションであり、そしてＤＸもイノベーションも私たちがこれからの時代を生き抜くための戦略として求められているものなのです。

翻って、「社会人たるもの、～すべきである」。

もはや今までの社会人らしさ、会社らしさ、組織らしさは健全な成長や発展の足かせになり得ると、私たちはようやく気づき始めました。社会人になりたての「あの時感じた違和感や理不尽さ」はホンモノであり、間違ってはいなかったのです。一人ひとりが声を上げていきませんか？　行動に移しませんか？　小さな発信や行動から世の中は変わり始めます。私が先のメールを送った企画会社の担当者も、さっそくメッセンジャーのやり取りに改め、スケジュールを決めてくれました。半径5m以内の行動から、カルチャーは変わります。というより、変えないとまずいです。

「社会人たるもの、～すべきである」
「俺たちも耐えたのだから、お前らも耐えろ」

そこに今と未来の笑顔がありますか？　人間らしさを否定すること、我慢することが社会人らしさなのですか？　そろそろ人間らしさを取り戻しませんか？

「あなたが社会に出た時に苦労するから……」

親が子どもをしつける定番フレーズです。そのパワーとリソース、むしろ社会を変えることに使いませんか？　社会のルールや慣習を変えれば、子どもたちは将来ムダな苦労をしなくて済みます。

自分が味わった苦しみを、次の世代も強いるのはアンヘルシー。それこそ、次の世代にツケを回す行為です。社会人ならば、大人ならば、そのツケを払わせないのが徳であり責任でしょう。

皆で仲良く苦しむ文化は、もうおしまいにしましょう。いまや、仕組みと仕掛けやマインドチェンジで十分なくすこと、終えることができるのだから。

そろそろ、社会人らしさ、社会のあり方をアップデートしても良い頃合いでしょう。

気合・根性主義の体育会系のカルチャー、長い間お疲れさまでした。そろそろ、ゆっくりとおやすみください。

２０２１年10月半ば

太田川ダム（静岡県森町）のいつもの仕事場にて　秋風を感じながら

沢渡あまね

著者略歴

沢渡あまね（さわたり・あまね）

作家／ワークスタイル＆組織開発専門家。あまねキャリア株式会社CEO／株式会社NOKIOOアドバイザー／株式会社なないろのはな取締役・浜松ワークスタイルLab所長／ワークフロー総研フェロー。日産自動車、NTTデータにて、情報システム・広報・ネットワークソリューション事業部門などの経験を経て現職。350以上の企業・自治体・官公庁で、働き方改革、組織変革、マネジメント変革の支援・講演および執筆・メディア出演を行う。主な著書に『バリューサイクル・マネジメント』『職場の科学』『職場の問題地図』『マネージャーの問題地図』『業務デザインの発想法』『仕事ごっこ』がある。#ダム際ワーキング 推進者。

▼『沢渡あまねマネジメントクラブ』（オンラインサロン）
https://lounge.dmm.com/detail/3624/index/
▼『組織変革Lab』（法人・行政向け、オンライン越境学習プログラム）
https://cx.hamamatsu-ws-lab.com/

SB新書　564

なぜ、日本《にほん》の職場《しょくば》は世界一《せかいいち》ギスギスしているのか

2021年 12月15日　初版第1刷発行

著　者　沢渡《さわたり》あまね

発行者　小川 淳

発行所　SBクリエイティブ株式会社
〒106-0032　東京都港区六本木2-4-5
電話：03-5549-1201（営業部）

装　幀　長坂勇司（nagasaka design）

本文デザイン　荒木香樹

編　集　鎌田瑞穂、齋藤舞夕（SBクリエイティブ）

印刷・製本　大日本印刷株式会社

本書をお読みになったご意見・ご感想を下記URL、
または左記QRコードよりお寄せください。

https://isbn2.sbcr.jp/10777/

ISBN 978-4-8156-1077-7